Im Gleichgewicht mit Ayurveda

Wie man neue Lebensenergie findet und ein gesundes, glückliches Leben mithilfe des indischen Selbstheilungsprinzips startet

Leya Devi

Inhaltsverzeichnis

Einleitung

Wir alle haben Zeiten, in denen wir uns nicht wohl fühlen und erkennen, dass wir aus dem Gleichgewicht geraten sind. Manchmal gehen wir zum Arzt, nur um zu erfahren, dass alles in Ordnung ist. Tatsächlich ist dieses Ungleichgewicht noch nicht als Krankheit in Erscheinung getreten. Doch es ist ernst genug, um uns auf unser Unbehagen aufmerksam zu machen. Wir können anfangen, uns zu fragen, ob es nur unsere Fantasie ist. Wir können auch anfangen, alternative Maßnahmen in Betracht zu ziehen und aktiv danach streben, ein Gleichgewicht in unserem Körper, unserem Geist und unserem Bewusstsein herzustellen.

Man unterschätzt seit jeher die Beziehung zwischen Körper und Geist und dennoch ist sie symbiotisch. Bei nur einer Erkältung merken wir, wie nicht nur unser Körper, sondern auch unsere Gedanken, unsere Konzentration und unsere Auffassungsgabe langsamer werden. Unser Körper ist durch die Erkältung geschwächt und so auch unser Geist. Andersherum ist es genauso. Wenn es unserem Geist nicht gut geht, zum Beispiel durch Stress oder Depressionen, bekommen wir Kopfschmerzen, Hautausschläge oder Ekzeme. Und das sind noch die harmlosen Symptome. Unser Geist ist krank und unser Körper reagiert darauf. Unser Körper ist ein Netzwerk aus subtilen Kanälen, durch die unsere Zellen miteinander kommunizieren, überwachen, was vor sich geht, und nach dem fragen, was für einen gesunden Lebensstil erforderlich ist. Wenn Sie Stress, Müdigkeit und Giftstoffe ansammeln, blockieren Sie diese Kanäle und die Kommunikation bricht zusammen, was zu gesundheitlichen Problemen führt. Es wird geschätzt, dass heute mehr als 80% der Krankheiten durch Stress verursacht werden, den Sie in Ihrem Leben haben. Und welcher Mensch hat heutzutage keinen Stress? Doch wie kann man diesen Stress loswerden? Wie kann man sein Leben verändern, dass man nicht mehr krank wird?

Die Lösung ist nicht nur die Symptome zu behandeln, sondern die Ursache. Bringen Sie Körper und Geist wieder in Einklang. Und genau das schaffen Sie mit Ayurveda, der jahrtausendalten indischen Heilmethode. Es ist ein ganzheitliches Konzept, das Ihnen hilft, in ein neues, gesundes und glückliches Leben zu starten. Ayurveda heilt nicht einzelne Symptome, wie ein aufgeschlagenes Knie, sondern es hilft Ihnen Ihren Körper und Ihr Immunsystem, durch Yoga und gesunde Ernährung, zu stärken. Und es baut Ihr Selbstbewusstsein, Ihr innere Stärke und Ihre mentalen Fähigkeiten aus. Es bringt Sie wieder zurück zu sich selbst, was Ihnen am besten tut und was Sie wirklich brauchen. Ayurveda bringt Sie zu Ihren Wurzeln und so zu einem inneren Gleichgewicht zwischen Körper und Geist.

Ayurveda ist für alle da. Die Prinzipien verbinden jeden Menschen mit der Selbstheilungsfähigkeit seines eigenen Körper-Geistes. Sie enthüllen die verborgenen Heilungskapazitäten und die wahren spirituellen Höhen, die jeder Mensch in seinem Leben realistisch erreichen kann. Das Konzept von Ayurveda ist in mehreren Schriften festgehalten und umfasst ein gigantisches Wissen, das nur von Experten, die sich jahrelang damit beschäftigt haben, voll erfasst werden kann. Einfach erklärt ohne etwas wegzulassen, stelle ich Ihnen in diesem Buch die wichtigsten Prinzipien und Vorschläge von Ayurveda vor. Verständlich beschrieben bringe ich Ihnen die Grundlage von den Elementen, den Doshas und den 6 Rasas bei. In jedem Kapitel weise ich Ihnen einen Weg, um Ihren Lebensstil zu verbessern und Sie zu einem glücklicheren und gesünderen Menschen zu machen.

Was ist Ayurveda?

Ayurveda (ausgesprochen i-yer-vay-da) ist eine Jahrtausend alte Wissenschaft, entwickelt von den Weisesten und Ältesten aus Indien. Und dennoch wird es immer noch zu den fortschrittlichsten und leistungsfähigsten Gesundheitssystemen der Welt gezählt. Ayurveda setzt sich aus den hinduistischen Wörtern „Ayur“, das bedeutet Leben, und „Veda“, das bedeutet Wissenschaft oder Wissen, zusammen. So spricht man oftmals von der Wissenschaft des Lebens. Durch Weisheiten, Tipps und Tricks soll es Menschen helfen ein gesundes und glückliches Leben zu leben und gleichzeitig soll es sie dabei unterstützen, ihr Potenzial zu erkennen und zu entfalten.

Es ist wichtig den grundlegenden Unterschied zwischen Ayurveda und der westlichen allopathischen Medizin zu verstehen. Die westliche allopathische Medizin konzentriert sich derzeit eher auf Symptomatik und Krankheit und verwendet in erster Linie Medikamente und Operationen, um den Körper von Krankheitserregern oder krankem Gewebe zu befreien. Viele Leben wurden durch diesen Ansatz gerettet. Tatsächlich wird die Chirurgie auch in den Schriften von Ayurveda erfasst. Allerdings schwächen Medikamente aufgrund ihrer Toxizität oft den Körper. Ayurveda konzentriert sich nicht auf Krankheiten. Vielmehr behauptet Ayurveda, dass alles Leben im Gleichgewicht durch Energie unterstützt wird.

Hier soll betont werden, dass Ayurveda kein Ersatz für die westliche allopathische Medizin ist. Es gibt viele Fälle, in denen der Krankheitsverlauf und akute Erkrankungen am besten mit Medikamenten oder Operationen behandelt werden können. Ayurveda kann in Verbindung mit der westlichen Medizin verwendet werden, um eine Person stärker und weniger anfällig für Krankheiten zu machen und/oder den Körper nach der Behandlung mit Medikamenten oder Operationen wieder aufzubauen.

Die ayurvedische Medizin konzentriert sich auf alle Bereiche der Gesundheit, einschließlich Ernährung, Lebensstil, Bewegung, Entgiftung, Schlaf und Geist. Laut Ayurveda ist Gesundheit kein Zustand, der durch Labortests oder jährliche Kontrollen definiert ist. Gesundheit ist ein kontinuierlicher und partizipativer Prozess, der alle Aspekte des Lebens umfasst: physisch, mental, emotional, verhaltensorientiert, spirituell, familiär, sozial und universell. Das Erreichen eines Gleichgewichts auf allen Ebenen des Seins ist das wahre Maß für eine lebendige Gesundheit. Der Durchschnittsmensch und eine standardisierte Behandlung gibt es in der ayurvedischen Medizin einfach nicht. Jeder Einzelne ist ein Unikat mit einem ebenso einzigartigen Konzept für die Gesundheit. Indem es einen universellen Rahmen für das Verständnis dieser Blaupausen bietet, lehrt uns Ayurveda, unsere wahre individuelle Natur zu ehren und zu unterstützen.

Viele Faktoren, sowohl interne als auch externe, wirken auf uns ein, um unser inneres Gleichgewicht zu stören, und spiegeln sich in einer Veränderung der eigenen Konstitution gegenüber dem ausgeglichenen Zustand wider. Beispiele für diese emotionalen und körperlichen Belastungen sind der emotionale Zustand, die Ernährungs- und Nahrungswahl, Jahreszeiten und Wetter, körperliche Traumata, Arbeits- und Familienbeziehungen. Sobald man verstanden hat, dass diese Faktoren existieren, kann man geeignete Maßnahmen ergreifen, um ihre Auswirkungen aufzuheben, zu minimieren oder die Ursachen des Ungleichgewichts zu beseitigen und die eigene ursprüngliche Verfassung wiederherstellen. Gleichgewicht ist die natürliche Ordnung; Ungleichgewicht ist Unordnung. Gesundheit ist Ordnung; Krankheit ist Unordnung. Innerhalb des Körpers gibt es eine ständige Interaktion zwischen Ordnung und Unordnung. Wenn man die Art und Struktur der Unordnung versteht, kann man die Ordnung wiederherstellen.

Ayurveda legt großen Wert auf Prävention und fördert die Aufrechterhaltung der Gesundheit durch strenge Beachtung der Balance im Leben, richtiges Denken, Ernährung, Lebensstil und die Verwendung von Kräutern. Ayurveda-Kenntnisse ermöglichen es zu verstehen, wie man dieses Gleichgewicht von Körper, Geist und Bewusstsein nach der eigenen individuellen Konstitution schafft und wie man Lebensstiländerungen vornimmt, um dieses Gleichgewicht zu erreichen und zu erhalten. Ayurveda konzentriert sich auf die Bereitstellung spezifischer Ratschläge zur Erhaltung der körperlichen und emotionalen Gesundheit. Essen und Lifestyle-Routinen gelten als die wichtigste Medizin. Wenn Sie mit einer Beschwerde zu einem ayurvedischen Arzt kommen, werden Sie eher mit einem Kochrezept als mit einem Rezept für Pillen gehen.

So wie jeder Mensch einen einzigartigen Fingerabdruck hat, hat jeder Mensch ein bestimmtes Energiemuster - eine individuelle Kombination von körperlichen, geistigen und emotionalen Eigenschaften - das seine eigene Konstitution umfasst. Diese Konstitution wird bei der Empfängnis durch eine Reihe von Faktoren bestimmt und bleibt ein Leben lang gleich.

Ayurveda hat zwei wichtige Leitprinzipien, die der Grundgedanke jeder Weisheit sind:

Der Geist und der Körper sind untrennbar miteinander verbunden.

Nichts hat mehr Kraft, den Körper zu heilen und zu verwandeln als der Geist.

Das zugrunde liegende Rezept der ayurvedischen Medizin ist ganz einfach: Erkennen Sie die Kraft der Selbstheilung im Inneren, und Sie werden Ihr eigener größter Arzt werden! Das bedeutet, dass man Krankheiten verhindern und heilen kann, wenn man sein Bewusstsein erweitert, es in ein Gleichgewicht bringt und dann diese Balance auf den Körper ausdehnt. Dieser Prozess klingt jetzt am Anfang schwieriger als er eigentlich ist.

Die Meditation ist hierfür ein gutes Beispiel. Bei der tiefen und ernstgenommenen Meditation erweitert man das Bewusstsein. Es tritt ein Zustand der inneren Ruhe ein, der den Geist belebt und gleichzeitig ein inneres Gleichgewicht wiederherstellt. Nun tritt der erste Leitsatz in Erscheinung. Weil Geist und Körper untrennbar miteinander verbunden sind, wird bei der Mediation nicht nur der Geist, sondern auch der Körper in eine Art Gleichgewicht versetzt. Etwas wissenschaftlicher ausgedrückt heißt das, dass im Zustand des erholsamen Bewusstseins, das durch Meditation geschaffen wird, der Körper die Produktion von Stresshormonen wie Cortisol und Adrenalin verringert und erhöht dagegen die Produktion von

Neurotransmittern, wie Serotonin, Dopamin und Endorphinen, die das allgemeine Wohlbefinden steigern.

Die Meditation ist aber nur ein Punkt. Der allgemeine Schwerpunkt des Ayurvedas liegt auf präventiven und heilenden Therapien sowie auf verschiedenen Methoden der Reinigung und Verjüngung. Ayurveda ist mehr als ein bloßes Heilungssystem; es ist eine Kunst des angemessenen Lebens, die hilft, Langlebigkeit zu erreichen. Es kann jeden Einzelnen bei der richtigen Wahl der Ernährung, der Lebensgewohnheiten und der Bewegung leiten, um das Gleichgewicht in Körper, Geist und Bewusstsein wiederherzustellen und so zu verhindern, dass Krankheiten im System Fuß fassen.

Der Glaube versetzt Berge. Daran glaubt man auch bei Ayurveda, der Glaube an Selbstheilung ist hier ein starker Eckpfeiler. Und genau das lehren auch die alten ayurvedischen Schriften: verändere deinen Geist und du veränderst deinen Körper! Ayurveda bietet somit eine einzigartige Mischung aus Wissenschaft und Philosophie, die die für eine ganzheitliche Gesundheit notwendigen körperlichen, mentalen, emotionalen und spirituellen Komponenten ausbalanciert.

Geschichte

Ayurveda entstand aus den religiösen, heiligen Texten des alten Indiens, bekannt als die Veden, oder "Bücher der Weisheit". Diese reichen mindestens fünftausend Jahre zurück und gelten weithin als die älteste Literatur der Menschheit. Zuerst wurden diese Weisheiten nur mündlich überliefert. Erst ab dem 5. Jahrhundert n. Chr. wurden davon Teile gedruckt, daher sind einige Prinzipien leider im Laufe der Zeit verloren gegangen. Ayurveda wird von vielen Gelehrten als die älteste Heilkunde der Welt angesehen.

Zuerst war Ayurveda eine Lebensphilosophie und musste sich erst als anerkannte Wissenschaft entwickeln. Die Grundlage für Ayurveda stammt aus dem vierten Buch der Veden „Atharvaveda". Von den wenigen anderen Abhandlungen über Ayurveda, die überlebt haben sind „Charaka Samhita" und „Sushruta Samhita" die bekanntesten, die sich auf die Innere Medizin bzw. die Chirurgie konzentrieren. Das „Astanga Hridayam" ist eine knappere Zusammenstellung früherer Texte, die vor etwa tausend Jahren erstellt wurde. Alle zusammen bilden den größten Teil der Wissensbasis über Ayurveda, wie es heute praktiziert wird.

Die Kunst des Ayurveda hatte sich im 6. Jahrhundert v. Chr. in Tibet, China, der Mongolei, Korea und Sri Lanka verbreitet und wurde von den buddhistischen Mönchen weiter getragen, die in diese Länder reisten. Obwohl nicht viel davon in der ursprünglichen Form überlebt hat, sind seine Auswirkungen in den verschiedenen neuen Zeitalterkonzepten zu sehen, die von dort aus entstanden sind. Als ein völlig universeller Körper der Weisheit sind ayurvedische Praktiken heute genauso relevant wie vor 5000 Jahren. Ayurvedische Prinzipien können in jede Kultur und jeden Zeitraum eingewoben werden, da sie in den Gesetzen und Zyklen der Mutter Natur verwurzelt sind. Die Prinzipien vieler der heute im Westen bekannten Naturheilverfahren haben zum Beispiel ihre Wurzeln im Ayurveda, einschließlich Homöopathie und Polaritätstherapie.

Purusharthas

Die Purusharthas sind die vier angestrebten Ziele in den vedischen Originaltexten. Sie sollen die inhärenten Werte des Universums darstellen und als Blaupause für die menschliche Erfüllung dienen. Wenn Sie mit ihnen zusammenarbeiten, können Sie sich auf der tiefsten und ganzheitlichsten Ebene ein ausgeglichenes und sinnvolles Leben schaffen. Sie bieten eine Möglichkeit, Ihr Leben einzuschätzen und gute Entscheidungen zu treffen. Wenn Sie Ihre Ziele kennen, ist Ihre spirituelle Praxis von Bedeutung. Purushartha bedeutet „zum Zweck des Selbst." Das bedeutet, dass Sie sich immer selber fragen sollten, ob Sie das für sich selber tun und ob es Ihre eigene Entwicklung unterstützt und fördert.

Dharma bedeutet so viel wie Wahrheit und soll uns den richtigen Weg zu einer sinnvollen Lebensweise und menschlichem Verhalten zeigen. Das ist für die Ordnung der Dinge in der Welt notwendig und bezieht sich in einem größeren Maßstab auf die kosmischen Gesetze und Regeln des Universums. Auf individueller Ebene können Sie sich Dharma als Ihren wahren Lebenszweck oder die ethische Grundlage vorstellen, auf der Sie Ihr Leben leben. Es soll Stabilität und Ordnung in Ihr Leben bringen und Ihnen helfen ein rechtmäßiges und harmonisches Leben zu führen. Ebenso unterstützt es Sie dabei das Richtige zu tun, tugendhaft zu sein, anderen zu helfen und friedlich mit der Gesellschaft zu interagieren. Sie sollen sich bewusst über Ihre Handlungen, Wörter und Gedanken werden und gleichzeitig ein Mitgefühl und Sensibilität für die Bedürfnisse anderer zu entwickeln.

Um Dharma zu erreichen, sollten Sie sich fragen, was Ihr Ziel ist und wie Sie diesem Ziel dienen können. Hören Sie dabei auf das, was Ihre tiefsten und innersten Gefühle sagen und was Ihr Herz glücklich macht. Im Dharma befindet man sich, wenn die Handlungen spontan richtig sind, man automatisch weiß, was in einer Situation zu tun ist, man eine innere Harmonie besitzt und das Leben von allem unterstützt wird. Mit Dharma wird das Leben mühelos.

Artha ist die Sicherheit, den materiellen Komfort zu haben, den Sie für ein einfaches Leben in der Welt benötigen. Während manche Leute glauben, spirituell zu sein bedeutet arm zu sein, geht es bei Artha nicht darum, die Welt abzulehnen, sondern mit den Dingen zufrieden zu sein, die man besitzt. Das bedeutet man besitzt genug Ressourcen, damit man selber und die Familie davon leben kann, ohne zu horten oder gierig zu sein. „Was halte ich für wirklich wertvoll?" ist die zentrale Frage bei Artha.

Die Bedürfnisse variieren von Person zu Person. Artha beinhaltet alles in Ihrer Umgebung, das es Ihnen ermöglicht, ein erfülltes Leben zu führen und auch die Mittel, um es zu erreichen. Dazu gehören Wissen, Freundschaften, Liebe, Karriere, Fähigkeiten, Gesundheit und Wohlstand. Verrichten Sie eine Arbeit, die Sie glücklich macht, Ihren Fähigkeiten entspricht und die der Gesellschaft dient. Achten Sie aber darauf, dass der „weltliche Erfolg" nicht im Gegensatz zu Ihrem Dharma steht.

Der Wunsch nach Vergnügen ist das, was das menschliche Verhalten antreibt. Ein Leben ohne Genuss und Freude ist hohl und leer. *Kama* bezieht sich auf das Vergnügen, das Sinnlichkeit sein kann, aber auch Kunst, Musik, Schönheit, Liebe, Intimität, Zuneigung, Kameradschaft und Freundlichkeit - es ist das, was in Ihrem Leben ein Gefühl der Freude auslöst.

Fragen Sie sich: „Sind meine Vergnügungen mit den Lebenszielen meines Lebens in Einklang gebracht?" Bei allem, was Sie erleben, sollten sie üben vollständig präsent zu sein. Kama ist eine totale sensorische Erfahrung, die das Entdecken des Objekts, das Lernen über das Objekt, das Herstellen einer emotionalen Verbindung, das Erlernen des Genussprozesses und das Erleben des daraus resultierenden Wohlbefindens vor, während und nach der Erfahrung umfasst.

Kama sollte jedoch mit Nachdenken, Vorsicht und Begeisterung verfolgt werden und frei von Sorgen und egoistischen Problemen sein. Denn obwohl es gut und notwendig ist, übermäßiges Kama kann schnell zu Übermüdung, Sucht, Trägheit, Gier und Lust führen.

Viele westliche Bewohner wurden Kama vorgestellt, als der alte indische Text „Kama Sutra" populär wurde. Leider wurde es im

Allgemeinen als Sexualhandbuch falsch interpretiert. Es ist tatsächlich ein Leitfaden für ein tugendhaftes und gnädiges Leben, das die Natur der Liebe, das Familienleben und andere Aspekte bespricht, die sich auf die lustorientierten Fähigkeiten des menschlichen Lebens beziehen. In Wahrheit stellt es Kama als einen wesentlichen und freudigen Aspekt der menschlichen Existenz dar.

Moksha ist die endgültige Befreiung, es ist die wahre Natur: Das bist wirklich du! Um dieses letzte, erleuchtete Ziel zu erreichen, muss man sich zuerst von Unwissenheit, Hindernissen und dem Zyklus des Todes und der Wiedergeburt befreien. Und im Gegenzug dafür die Emanzipation, Selbstverwirklichung, Selbsterkenntnis, das gesamte Potenzial an Kreativität und Mitgefühl und das Bewusstsein der Einheit der höchsten Seele anerkennen.

Die Philosophie der Vedanta sagt uns, dass Befreiung zu denen kommt, die Brahman als das kennen, was Ursprung und Ende aller Dinge ist, das universelle Prinzip hinter und an der Quelle von allem, was existiert und das Bewusstsein, das alles und jeden durchdringt. Eine solche Verwirklichung kommt von Selbsterkenntnis und Selbstdisziplin, die so perfekt ist, dass sie unbewusst wird, eine zweite Natur, ein weltliches Verständnis und ein Zustand der Glückseligkeit. Diese Befreiung kommt von einem Leben mit innerer Reinheit, einem wachen Geist, der von Vernunft, Intelligenz und Verwirklichung des Höchsten Selbst geleitet wird, das in allen Wesen lebt. Lao Tzu sagt uns: "Andere zu kennen, ist Weisheit, sich selbst zu kennen ist Erleuchtung."

Moksha gilt als endgültige Befreiung von der Illusion des Lebens. In den Veden wird eine befreite Person beschrieben als jemanden, der andere mit Respekt behandelt, unabhängig davon, wie andere ihn/sie behandeln, gibt Ärger mit sanften und freundlichen Worten zurück, erwartet kein Lob von anderen, verletzt niemals Lebensformen, kann allein ebenso gut wie in Gesellschaft sein, ist bescheiden von klarem und beständigem Geist, unkompliziert, mitfühlend und geduldig.

Bewältigt man alle vier Purusharthas, kommt man zur Erleuchtung und man ist ein reines Wesen. Doch nur einige wenige der höchsten Yogi erreichten je diesen Zustand. Setzen Sie sich also nicht unter Druck und versuchen Sie nicht alle Stufen innerhalb eines Jahres zu durchlaufen. So funktioniert das nicht. Aber probieren Sie zumindest die Ebenen von Dharma, Artha und Kama aus. Fragen Sie sich: „Tue ich gerade das Richtige? Bin ich freundlich und mitfühlend anderen gegenüber? Macht mich meine Arbeit froh und entspricht sie meinen Fähigkeiten? Was brauche ich zum Leben, was ist für mich wertvoll?“ Beantworten Sie diese Fragen ehrlich und ändern Sie etwas, falls nötig. So erleichtern Sie zumindest Ihr Leben und leben auf jeden Fall ein glücklicheres Leben. Und wer weiß, vielleicht erreichen Sie ja doch eines Tages Moksha, die endgültige Befreiung.

5 Elemente

Die Zahl ist eine wichtige Grundlage des Ayurvedas. Sie taucht immer wieder auf und sollte nicht außer Acht gelassen werden.

Jeder kennt die 5 Elemente und ist mit ihnen vertraut. Ob wir nun über die trockene Erde eines Feldes laufen, uns der Wind an der stürmischen See ins Gesicht peitscht oder wir uns am prasselnden Lagerfeuer aufwärmen, wir sind allen in verschiedenen Formen begegnet. Alle organischen und anorganischen Substanzen sind Kombinationen dieser Elemente, sei es ein zeitpoliertes Gestein oder ein glänzendes Stück Kunststoff. Jedes Objekt ist einzigartig, weil es ein unterschiedliches Verhältnis der fünf Elemente enthält. Wenn wir auf die Schönheit der Natur schauen, stellen wir fest, dass fünf Elemente die Grundlage für die gesamte physische Welt bilden. Ayurveda erkennt diese Elemente als die Bausteine aller materiellen Existenz an.

Erde (bhumi), Wasser (ap / jala), Feuer (tejas / agni), Luft (marut / vayu / pavan) und Raum (vyom / shunya / akash) haben verschiedene Eigenschaften, die gegeneinander kämpfen, aber auch miteinander harmonieren können. Wichtig ist, dass die Materie alle 5 davon braucht.

So sind auch die 5 Sinne mit ihnen verbunden und wirken als physisches Medium für die sensorische Erfahrung. So kann die Grundlage der Elemente, Erde, von allen Sinnen wahrgenommen werden (Hören, Sehen, Berühren, Schmecken und Riechen). Wasser, das nächsthöhere Element kann gehört, gefühlt, gesehen und geschmeckt werden, hat aber keinen Geruch. Feuer kann nur gehört, gefühlt und gesehen werden, wohingegen Luft nur zu hören und zu spüren ist. Der Raum geht über die Sinne hinaus, mit Ausnahme des Hörens.

Da der Mensch als Mikrokosmos der Welt angesehen wird, beobachtet Ayurveda auch die fünf Elemente im menschlichen Körper. Wir ernähren uns mit Nahrungsmitteln von der Erde und am Ende unsere Zeit kehrt unser Körper zu der irdischen Materie zurück, aus der er stammt. Wasser ist unser lebenserhaltender Nektar, der mehr als 70 Prozent unserer gesamten Körpermasse ausmacht. Feuer versorgt den Körper mit Wärme und

Strahlungsenergie und existiert in allen Stoffwechsel- und Chemieaktivitäten. Die Luft strömt frei durch den Körper, gibt den biologischen Funktionen Bewegung und versorgt jede Zelle mit Sauerstoff. Der Raum ist allgegenwärtig, befindet sich demütig im Hintergrund und gibt den anderen Elementen die Möglichkeit, auf diese Weise zu interagieren.

Von Anfang an verfügt jeder Mensch über eine individuelle Zusammensetzung aller Elemente, die seine Konstitution und sein Temperament prägt. Und so wie sich die Elemente in Zusammenhang mit ihrer Umgebung ändern, wie Tages- oder Jahreszeit oder Wetter, ändern sich auch die Elemente in uns Menschen aufgrund unserer Umgebung, was sich auf unser Wohlbefinden auswirkt.

3 Dosha-Typen

Die 5 Elemente der Natur (Erde, Wasser, Feuer, Luft, Weltraum) bilden die Grundlage der Doshas. Doshas sind sogenannte Geist-Körper-Typen und bilden die Grundlage für die Lehre von Ayurveda. Es sind biologische Energien, die im gesamten menschlichen Körper und Geist vorkommen. Sie steuern alle körperlichen und geistigen Prozesse und bilden eine einzigartige Mischung von körperlichen, emotionalen und mentalen Eigenschaften. Jedes Prinzip, Praktik oder Lebewesen gründet auf den Doshas.

Haben Sie sich jemals gefragt, was eigentlich die Unterschiede in den Menschen erklärt? Warum sind einige Menschen hyperaktiv und schnelllebig, während andere Gnade und Stille ausstrahlen? Warum können einige Leute ein Fünf-Gänge-Menü mit Leichtigkeit essen, während andere kaum einen Salat aufessen können? Warum sind einige Menschen von Natur aus froh, während andere das Gewicht der Welt auf ihren Schultern tragen? Die moderne Genetik bietet einige Einblicke, aber was ist mit den Eigenschaften und Eigenarten, die jeden Menschen einzigartig machen?

Ayurveda erklärt das mit den 3 Doshas und den 5 Elementen, die ihnen und ihren Eigenschaften zu Grunde liegen. Allerdings sind es dynamische Energien, die sich ständig als Reaktion auf unsere Handlungen, Gedanken, Emotionen, die Lebensmittel, die wir essen, die Jahreszeiten und alle anderen sensorischen Inputs ändern, die unseren Geist und Körper ernähren. Wenn wir in der Erfüllung unserer individuellen Naturen leben, treffen wir natürlich Entscheidungen über Lebensstil und Ernährung, die das Gleichgewicht innerhalb unserer Doshas fördern. Wenn wir gegen unsere intrinsische Natur leben, unterstützen wir ungesunde Muster, die zu einem körperlichen und geistigen Ungleichgewicht führen können. Umso näher unser Dosha-Zustand an unserer Geburtskonstitution liegt, umso gesünder leben wir.

Insgesamt gibt es drei primäre doshische Zustände:

Ausgewogen: Alle drei Doshas sind in ihren natürlichen Proportionen vorhanden, auch als "Gleichgewicht" bezeichnet.

Erhöht: Ein bestimmtes Dosha ist in einem überdurchschnittlichen Verhältnis vorhanden, auch als "verschlimmerter" oder "übermäßiger Zustand" bezeichnet.

Vermindert: Ein bestimmtes Dosha ist in einem weniger als normalen Verhältnis vorhanden, auch als "reduzierter" oder "abgereicherter Zustand" bezeichnet.

Von den drei Zuständen führt der erhöhte oder verschlechterte Zustand zu den meisten Ungleichgewichten. Solche Ungleichgewichte können durch eine Vielzahl von Einflüssen entstehen, meist durch eine falsche Ernährung oder ganz allgemein durch zu viel Stress im Leben. Eine Wiederherstellung des Gleichgewichts kann man jedoch vergleichsweise leicht erlangen, indem man zuerst seine individuelle Zusammensetzung versteht und nach diesen Bedürfnissen sein Leben ausrichtet.

Ein Mensch vereint alle 3 Dosha-Typen in sich, allerdings ist ein Dosha meistens vorherrschend. Ein zweites Dosha hat typischerweise einen starken Einfluss, das wird als dual-doshische Verfassung bezeichnet.

Ayurveda unterscheidet drei Grundtypen von Energie oder Funktionsprinzipien, die in jedem und allem vorhanden sind. Da es keine einzelnen Wörter im Englischen gibt, die diese Konzepte vermitteln, verwenden wir die ursprünglichen Sanskrit-Wörter vata, pitta und kapha. Diese Prinzipien können sich auf die grundlegende Biologie des Körpers beziehen.

Im Ayurveda arbeiten Körper, Geist und Bewusstsein zusammen, um das Gleichgewicht zu erhalten. Sie werden einfach als verschiedene Facetten des eigenen Seins betrachtet. Um zu lernen, wie man Körper, Geist und Bewusstsein in Balance bringt, muss man verstehen, wie Vata, Pitta und Kapha zusammenwirken. Energie wird benötigt, um Bewegung zu erzeugen, damit Flüssigkeiten und Nährstoffe zu den Zellen gelangen und der Körper funktionieren kann. Energie wird auch benötigt, um die Nährstoffe in den Zellen zu metabolisieren, und es wird gefordert, die Struktur der Zelle zu schmieren und zu erhalten. Vata ist die Energie der Bewegung; Pitta ist die Energie der Verdauung oder des Stoffwechsels und Kapha, die Energie der Schmierung und Struktur. Jede einzelne Konstitution hat ihr eigenes, einzigartiges Gleichgewicht aus Vata, Pitta und Kapha, entsprechend ihrer eigenen Natur.

Dieses Gleichgewicht ist die natürliche Ordnung. Ordnung ist der Gesundheitszustand, wie er im Ayurveda definiert ist. Dies ist der Fall, wenn sich das Verdauungsfeuer (agni) in einem ausgeglichenen Zustand befindet; die körperlichen Humoren (Vata, Pitta und Kapha) im Gleichgewicht sind, die drei Abfallprodukte (Urin, Kot und Schweiß) normal produziert und ausgeschieden werden, die sieben Körpergewebe (rasa, rakta, mamsa, meda, asthi, majja und shukra/artava) normal funktionieren und Geist, Sinne und Bewusstsein harmonisch zusammenarbeiten. Wenn dieses doshische Gleichgewicht gestört wird, entsteht ein Ungleichgewicht, das Unordnung bedeutet. Gesundheit ist Ordnung; Krankheit ist Unordnung. Die Krankheitsursache im Ayurveda wird als ein Mangel an ordnungsgemäßer Zellfunktion aufgrund einer Überproduktion oder eines Mangels an Vata, Pitta oder Kapha angesehen.

Ayurveda bietet maßgeschneiderte Empfehlungen für jeden Einzelnen, die von allgemeinen Lebensstiländerungen bis hin zur Behandlung von Krankheiten (wörtlich: ein Ungleichgewicht in unserem natürlichen Zustand der "Leichtigkeit") reichen. Aus diesem Grund kann Ayurveda wirklich als ein System der individualisierten Gesundheitsversorgung bezeichnet werden, was sich deutlich von dem "One-Pill for all"-Ansatz des westlichen Modells unterscheidet. Da die Doshas verwendet werden, um Ungleichgewichte vor der Manifestation einer Erkrankung zu erkennen, ist Ayurveda auch ein komplettes System der Präventionsmedizin. Das Leben stellt uns vor viele Herausforderungen und Chancen. Obwohl es vieles gibt, über das wir wenig Kontrolle haben, haben wir die Macht, über einige Dinge zu entscheiden, wie Ernährung und Lebensstil. Um das Gleichgewicht und die Gesundheit zu erhalten, ist es wichtig, diese Entscheidungen zu beachten. Eine der individuellen Konstitution angemessene Ernährung und Lebensweise stärken Körper, Geist und Bewusstsein.

Im Anhang finden Sie einen Selbst-Test, mit dem Sie herausfinden können, welchem Dosha-Typen Sie entsprechen. Wie vorher erwähnt, ist es nicht unüblich zwei starke Doshas zu besitzen, wobei einer am dominantesten ist. Seien Sie beim Test ehrlich zu sich selbst, denn es ist ausgesprochen wichtig, den wirklich richtigen Dosha zu finden. Sollten Sie beim Test schummeln, könnte ein falscher Dosha herauskommen. Den würden Sie folgen und dabei Schaden anrichten, schlimmstenfalls eine Krankheit auslösen. Für eine noch gewissenhaftere Feststellung Ihrer Doshas sollten Sie zu einem Ayurveda-Arzt gehen.

Vata

Vata leitet sich aus den Elementen von Raum und Luft ab und wird übersetzt als "Wind" oder "das, was Dinge bewegt". Es ist die Energie der Bewegung und die Kraft, die alle biologischen Aktivitäten steuert. Es regelt die Atmung, das Blinzeln, die Muskel- und Gewebebewegung, das Pulsieren des Herzens und alle Bewegungen im Zytoplasma und in der Zellmembran. Die Hauptstandorte von Vata im Körper sind der Dickdarm, Oberschenkel, Knochen, Gelenke, Ohren, Haut, Gehirn und Nervengewebe. Vata wird oft als "König der Doshas" bezeichnet, da es die größere Lebenskraft des Körpers steuert und Pitta und Kapha Bewegung gibt.

So wie der Wind im Gleichgewicht der natürlichen Welt Bewegung und Ausdruck verleiht, ist das ausgewogene Vata-Individuum aktiv, kreativ und mit einer natürlichen Fähigkeit zur Kommunikation ausgestattet. Sie haben einen schnellen Verstand, der auch flexibel und um die Ecke denken kann, jedoch vergessen sie meist auch sehr rasch. Ihre hohe Aktivität kommt in kurzen Ausbrüchen, sie reden und denken schnell, danach werden sie aber schnell müde. Vata-Menschen besitzen viel Willenskraft und Selbstvertrauen, sie sind aber schnell reizbar und leiden unter Stimmungsschwankungen. In der Außenwelt neigen Vata-Typen dazu, schnell Geld zu verdienen und es schnell auszugeben. Sie sind keine guten Planer und können daher wirtschaftliche Schwierigkeiten erleiden. Die physische Gestalt ist oftmals groß und schlank, obwohl das natürlich nicht auf jeden zutrifft. Sie fühlen sich bei Wärme wohler, da sie eine Tendenz zu kalten Händen und Füßen besitzen.

Wenn der Wind in einem Vata-Typ wie ein Hurrikan wütet, überschatten negative Eigenschaften schnell die positiven Eigenschaften. Häufige Anzeichen für ein Ungleichgewicht von Vata sind Angst und körperliche Störungen im Zusammenhang mit Trockenheit, wie z.B. trockene Haut und Verstopfung. Wenn sie aus dem Gleichgewicht geraten, können Vata-Typen ängstlich, nervös und unberechenbar werden. Ihre Stimmungs- schwankungen werden ausgeprägter und sie reagieren schnell auf kleinste Impulse.

Häufige Reisen, vor allem mit dem Flugzeug, laute Geräusche, ständige Stimulation, Drogen, Zucker und Alkohol, ebenso wie der Kontakt mit kalten Flüssigkeiten und Lebensmitteln sind Dinge, die ein Ungleichgewicht bei Vata hervorrufen können.

Vata Menschen sind anfälliger für Krankheiten, die das Luftprinzip betreffen, wie Emphysem, Lungenentzündung und Arthritis. Andere häufige Vata-Störungen sind Blähungen, Ticks, Zuckungen, Gelenkschmerzen, trockene Haut und Haare, Nervenstörungen, Verstopfung und geistige Verwirrung. Vata im Körper neigt dazu, mit zunehmendem Alter zu wachsen, wie es durch das Austrocknen und Falten der Haut gezeigt wird.

Wie der Wind haben es auch die Vata-Typen schwer, geerdet zu werden und zu bleiben. Routine ist schwierig, aber unerlässlich, wenn Vata gesenkt und kontrolliert werden soll. Um Vata auszubalancieren sollte man einige Dinge in seinen regelmäßigen Tagesablauf integrieren, die dabei helfen das Vata-Dosha zu unterstützen:

Essen Sie in einer ruhigen Umgebung, verbringen Sie Zeit in der Natur, bewegen Sie sich regelmäßig, besonders empfohlen sind sanfte Übungen wie Schwimmen, Yoga, Tai Chi oder einfach nur spazieren gehen. Versuchen Sie ebenfalls täglich zu meditieren und früh ins Bett zu gehen. Halten Sie sich durch Dampfbäder, Luftbefeuchter und Feuchtigkeit warm und vermeiden Sie Kälte in jeglicher Form, zum Beispiel auch als gefrorene Lebensmittel. Tägliche Ölmassage vor dem Baden oder Duschen werden ebenfalls empfohlen.

Auf jährlicher Basis ist Vata im Herbst und im Wechsel der Jahreszeiten am prominentesten, und dies sind die wichtigsten Zeiten, um auf Ernährung und Lebensstil zu achten.

Pitta

Pitta leitet sich aus den Elementen Feuer und Wasser ab und übersetzt als "das, was kocht". Es ist die Energie der Verdauung und des Stoffwechsels im Körper, die durch Trägersubstanzen wie organische Säuren, Hormone, Enzyme und Galle funktioniert. Die Hauptpositionen von Pitta im Körper sind Dünndarm, Magen, Leber, Milz, Pankreas, Blut, Augen und Schweiß. Physiologisch versorgt Pitta den Körper mit Wärme und Energie durch den Abbau komplexer Lebensmittelmoleküle. Es regelt alle Prozesse im Zusammenhang mit der Umwandlung und Transformation im gesamten Geist und Körper. Während Pitta dem Element Feuer am nächsten steht, ist es die flüssige Natur dieser Substanzen, die das Element Wasser ausmacht.

Die Eigenschaften von Pitta sind ähnlich dem Feuer: ölig, scharf, heiß, leicht, beweglich, flüssig und sauer. Eine Person der Pitta zeigt körperliche und geistige Eigenschaften, die diese Eigenschaften sowohl in einem ausgeglichenen als auch in einem unausgewogenen Zustand widerspiegeln.

Psychologisch regiert Pitta Freude, Mut, Willenskraft, Wut, Eifersucht und mentale Wahrnehmung. Im ausgeglichenen Zustand ist eine Pitta-Person freundlich, besitzt einen scharfen Intellekt, Mut und viel Energie. Sie sind konzentriert, ordentlich, durchsetzungsstark und selbstbewusst. Häufig sind sie Chefs oder Anführer. Sie sind sehr erfolgsorientiert und lieben Herausforderungen. Das spiegelt sich auch im Privatleben wieder, da sie in der Liebe sehr stürmisch, aber auch romantisch sein können.

Wenn das Feuer von Geist und Körper jedoch unbändig wird, wird die lachende Pitta schnell zur schreienden Pitta. Wut, Hass, Eifersucht und Ego ersetzen Pittas positive Attribute und hinterlassen einen Menschen, der vom Leben verbittert ist und andere überwältigt. Wenn eine Person zur "Überhitzung" neigt, ist die übermäßige Pitta in der Regel der Täter. So wie ein Lagerfeuer ohne angemessene Pflege zu einem Waldbrand werden kann, muss das innere Feuer von Geist und Körper unter Kontrolle gehalten werden. Es gibt ein Sprichwort, dass unausgewogene

Pitta-Menschen nicht zur Hölle gehen; sie erschaffen sie einfach, wohin sie auch gehen!

Ebenso haben Pitta-Leute warme Körper, rote oder kupferfarbene Haut, viele Muttermale und Sommersprossen und sind von mittlerer Statur. Ihr Haar neigt dazu, seidig zu sein, und sie erleben oft vorzeitiges Ergrauen oder Haarausfall. Ihre Augen sind mittelgroß und die Bindehaut ist feucht. Die Nase ist scharf und die Spitze neigt zu Rötungen. Sie schwitzen leicht und ihre Hände und Füße bleiben warm. Pitta-Menschen haben eine geringere Toleranz gegenüber Sonnenlicht, Hitze und harter körperlicher Arbeit. Pitta-Menschen haben einen starken Stoffwechsel, eine gute Verdauung und einen starken Appetit. Sie mögen viel Essen und Trinken und neigen dazu, heiße Gewürze und kalte Getränke zu lieben. Und sie können gereizt und ungehalten werden, wenn sie Hunger haben oder eine Mahlzeit ausgelassen wurde.

Pitta Ungleichgewichte manifestieren sich häufig im Körper als Infektion, Entzündung, Ausschlag, Geschwüre, Sodbrennen, Fieber oder Irritationen wie Bindehautentzündung, Kolitis oder Halsschmerzen. Sonnenbrand, Giftefeu, Stachelhitze und Kurzatmigkeit sind in der Pittazeit, dem Sommer, üblich. Diese Art von Pitta-Erkrankungen neigen dazu, sich zu beruhigen, wenn das Wetter kühler wird.

Um Ihr Pitta auszugleichen, sollten Sie lernen sich zu beruhigen und zu mäßigen. Hervorragend geeignet dazu sind Meditation, leichte körperliche Aktivitäten, wie Yoga, Schwimmen oder spazieren gehen und Zeit draußen zu verbringen. Trainieren sollten Sie aber nur an der kühlsten Stelle des Tages. Generell sollte direktes Sonnenlicht eher vermieden werden. Bei der Nahrungsaufnahme sollten Sie eine aggressive und wütende Stimmung, ebenso wie künstliche Stimulanzien vermeiden und essen Sie in einer ruhigen Umgebung kühlende Lebensmittel. Verzichten Sie auf scharfe Gewürze wie Chili.

Kapha

Kapha leitet sich aus den Elementen Erde und Wasser ab und wird übersetzt als "das, was klebt". Es ist die Energie des Aufbaus und der Schmierung, die dem Körper die physische Form, Struktur und das reibungslose Funktionieren aller seiner Teile verleiht. Kapha kann als der essentielle Zement und Klebstoff des Körpers in einem betrachtet werden. Es schmiert die Gelenke, spendet der Haut Feuchtigkeit, gibt dem Gewebe Volumen, speichert Energie und erhält die Immunität. Die Hauptpositionen von Kapha im Körper sind Brust, Hals, Lunge, Kopf, Lymphe, Fettgewebe, Bindegewebe, Bänder und Sehnen.

Psychologisch regiert Kapha Liebe, Geduld, Vergebung, Gier, Bindung und mentale Trägheit. Mit seiner irdischen Zusammensetzung begründet Kapha Vata und Pitta und hilft, Ungleichgewichte im Zusammenhang mit diesen Doshas auszugleichen.

Kapha-Typen sind liebevolle, ruhig, geerdete, unbeschwerte und treue Persönlichkeiten. Sie spenden anderen Kraft und Ausgeglichenheit durch ihr tiefes Mitgefühl, ihrer schnellen Vergebung und urteilfreien Meinung. Auch wenn sie langsam zu denken und zu sprechen scheinen, ist ihr Langzeitgedächtnis ausgezeichnet und sie überdenken oft etwas. Ihre Trägheit lässt uns denken, dass sie keine Energie besitzen, doch genau das Gegenteil ist der Fall. Von allen Konstitutionen besitzen sie die meiste Energie und Ausdauer, sie ist nur ruhiger und beständiger. Durch ihre sanfte und in gewisser Weise anspruchslose Lebensweise, streben sie vor allen Dingen nach Harmonie und Frieden in ihrer Umgebung. Aus dem Gleichgewicht geraten, neigen Kapha-Typen allerdings zu Gier, Neid und Besitzergreifung. So kann die liebevolle und ruhige Disposition des Kapha-Individuums in Lethargie und Depression übergehen.

Kapha- Leute haben einen langsamen Stoffwechsel, nehmen leicht zu und sind eher Sport-Muffel. Daher besitzen sie oft eine dicke, fettige Haut. Der Körper und die Muskeln sind gut entwickelt. Ihre Augen sind groß und attraktiv mit dicken, langen Wimpern und Brauen.

So wie ein nährender Regensturm sich in eine wilde Flut verwandeln kann, können die Flüssigkeiten des Körpers das Körpergewebe überfluten und zu einer starken Feuchtigkeit beitragen, die den Körper belastet und den Geist trübt. Diese dichte, kalte und sumpfige Umgebung wird zum Nährboden für eine Reihe von körperlichen Störungen wie Fettleibigkeit, Nebenhöhlenverstopfung, Grippe, Sinusverstopfung und andere Schleimhauterkrankungen. Trägheit, Übergewicht, Diabetes, Wassereinlagerungen und Kopfschmerzen sind ebenfalls häufig.

Kapha-Menschen sollten sehr darauf achten, nicht ausgenutzt zu werden. Sie dürfen auch mal Nein sagen und als erstes an sich denken. Nehmen Sie sich Zeit für sich und introspektive Aktivitäten, wie Meditation und Schreiben. Das fördert auch Ihren Intellekt. Versuchen Sie regelmäßig aufgestaute Emotionen herauszulassen. Verzichten Sie auf einen zu luxuriösen und gemütlichen Lebensstil, bringen Sie Aktivität in Ihren Tagesablauf, gehen Sie hinaus und genießen Sie die Gesellschaft anderer. Beim Essen sollten Sie auf eine liebevolle Umgebung achten, ansonsten neigen Sie dazu zu viel zu essen und mit Nahrung Ihre Emotionen auszugleichen. Gehen Sie früh ins Bett und stehen Sie früh wieder auf, halten Sie keinen Mittagsschlaf.

Kapha ist am stärksten im Winter ausgeprägt, daher sollte man besonders in dieser Zeit um einen Kapha-Ausgleich bemüht sein. Ebenso kann sich Kapha bei Vollmond verschlimmern, da zu diesem Zeitpunkt eine Tendenz zur Wasserspeicherung besteht.

Ayurvedische Ernährung

„Wenn die Ernährung falsch ist, nützt die Medizin nichts. Wenn die Diät stimmt, ist die Medizin nicht nötig. “

- Ayurvedisches Sprichwort

Es ist schwer, die Bücher, Dokumentarfilme und Podcasts nicht zu bemerken, die Forschungsergebnisse zum Zusammenhang zwischen Ernährung und chronischen Krankheiten oder Krankheiten darstellen. Das emotionale Wohlbefinden wird auch durch die Ernährung beeinflusst, was bei der Behandlung psychischer Probleme übersehen werden kann. Beginnen Sie noch heute mit einem präventiven Ansatz für Ihre Gesundheit. Beginnen Sie mit der Betrachtung der Wichtigkeit von Nahrungsmitteln und ihren Heilungsmöglichkeiten.

Medikamente haben ihren Wert, keine Frage. Aber was ist wenn es einen einfacheren und gesünderen Weg geben würde, um Ihnen Ihr Wohlbefinden zurückzugeben? Stellen Sie sich das so vor: Essen ist Medizin. Lebensmittel sind Naturheilmittel - ohne Nebenwirkungen. Natürlich gibt es noch andere Faktoren, die zu einer guten Gesundheit beitragen, wie guter Schlaf, Stressbewältigung und Bewegung, aber die Ernährung ist die Grundlage, auf der Sie aufbauen können, und die Sie normalerweise kontrollieren können. Die Verwendung von Lebensmitteln als Medizin beginnt damit, dass Sie Ihre Einstellung zu Lebensmitteln von der Beschränkung hin zur Einführung ändern.

Dass die Ernährung ein wichtiger und entscheidender Faktor in jedermanns Leben ist, trifft auch bei Ayurveda zu. Eine Ernährungsweise nach dem ayurvedischen Prinzip soll aber keine Diät im heutigen Sinne darstellen, vielmehr soll es Sie dabei unterstützen gesund und nahrhaft zu essen und Ihr Bewusstsein auch auf das, was Sie essen, auszuweiten. Die ideale Ernährung ergibt sich aus dem Verzehr einer Vielzahl von frischen Lebensmitteln, die entsprechend zubereitet und bewusst verzehrt werden. Und wenn Sie dadurch abnehmen, ist es ein doppelter Gewinn.

Ein Großteil der Weisheit der ayurvedischen Ernährung liegt auf der Spitze Ihrer Zunge, wörtlich! Laut Ayurveda ist der Geschmackssinn ein natürlicher Leitfaden für die richtige Ernährung. Seit Jahrhunderten verlassen sich die Menschen weitgehend auf den Geschmack, um gesunde Lebensmittel in der Natur zu entdecken und Toxizität zu vermeiden. Unsere Geschmacksnerven tun viel mehr, als nur den Geschmack zu erkennen; sie erschließen den Nährwert von Lebensmitteln und geben den ersten Impuls für den gesamten Verdauungsprozess.

Das Essen spricht uns direkt durch den Geschmack an. Eine saftige Birne kann in uns eine sanfte Botschaft der Freude erwecken, während der brennende Chilipfeffer warnt. Während wir uns auf die vom Körper natürlich gewünschten Geschmacksrichtungen einstellen, nutzen wir die angeborene Weisheit des Körpers in Bezug auf Nahrung und Ernährung.

Unsere Doshas helfen uns automatisch bei der Wahl der Nahrungsmittel. Unser Körper wünscht sich Geschmäcker, die uns ausbalancieren und verhindern, dass wir uns schwer und aufgebläht fühlen. Wenn wir einfach unseren natürlichen Neigungen folgen, werden wir zu den richtigen Lebensmitteln geführt. Zum Beispiel werden Vata-Typen von Natur aus zu feuchten, grundierenden Lebensmitteln hingezogen, während Kapha-Individuen leichte, trockene Lebensmittel bevorzugen. Im Anhang befindet sich eine Liste mit Lebensmitteln, die die jeweiligen Dosha-Typen bevorzugen beziehungsweise vermeiden sollten. Sie werden feststellen, dass sich das oft mit Ihrem persönlichen Geschmack deckt.

Sie sollten Ihren Ernährungsplan so aufstellen, dass jede Mahlzeit alle 6 Rasas beinhaltet und es Ihrem Dosha-Typ entspricht, denn so sorgen Sie dafür, dass Sie alle wichtigen Lebensmittelgruppen und Nährstoffe in sich aufnehmen. Danach werden Sie zufriedener sein und feststellen, dass die Sehnsucht nach Snacks und dem Überfressen abnimmt.

Ein weiterer wichtiger Tipp für eine gesunde Ernährung ist das Beachten der Farben von Lebensmitteln. Nahrungsmittel, die tiefblau, violett, rot, grün oder orange sind, enthalten viele Antioxidantien und viele immunstärkende Nährstoffe. Sieht Ihr

Teller also aus wie ein Regenbogen, essen Sie viele Vitamine und lebenswichtige Nährstoffe.

Die 6 Rasas

Der Geschmack besteht aus den gleichen fünf Elementen, aus denen die Doshas bestehen: Raum, Luft, Feuer, Wasser und Erde. Und jeder Geschmack hat eine Auswirkung auf Vata, Pitta und Kapha. Wenn Ihre Doshas aus dem Gleichgewicht geraten sind, können diese sechs Geschmacksrichtungen Ihnen helfen, dieses Ungleichgewicht zu beheben.

Die 6 Geschmacksrichtungen bieten uns eine benutzerfreundliche Leitkarte für die Ernährung. Anstatt sich mit Nährwertkennzeichnungen für die X-Menge an Protein oder die Y-Menge an Kohlenhydraten zu befassen, führen uns die 6 Geschmacksrichtungen auf natürliche Weise zu den Ernährungsbedürfnissen unseres Körpers. Jeder Geschmack nährt unseren Geist, Körper, unsere Sinne und unseren Geist auf seine ganz eigene Weise. Aus einer modernen Ernährungsperspektive erfüllen die 6 Geschmacksrichtungen jeden der wichtigsten Ernährungsbausteine. Süßwaren zum Beispiel sind reich an Fetten, Proteinen, Kohlenhydraten und Wasser, während Bitter- und Adstringensnahrung reich an Vitaminen und Mineralien ist.

Bei dem ayurvedischen Konzept gibt es 6 Geschmacksrichtungen, auch Rasas genannt: süß, sauer, salzig, scharf, bitter und adstringierend. Adstringierend ist eine oral-trigeminale Wahrnehmung, die durch Stoffe wie Tannine, bestimmte Schwermetalle und Säuren hervorgerufen wird. Der Mund zieht sich zusammen und wird trocken, denn die Proteine im Speichel verlieren ihre schmierende und ölende Wirkung. Adstringierende Substanzen haben eine antibakterielle und anästhetische Wirkung. Oftmals wird es mit der Geschmacksrichtung bitter verwechselt. Hier sollte man aber aufpassen, denn zwar sind einige adstringierende Verbindungen bitter, aber nur ganz wenige bitter schmeckende Substanzen sind adstringierend.

Das Gehirn sendet dem Körper Signale, wenn es Energie in Form von Nahrung benötigt. Indem wir alle 6 Geschmacksrichtungen in jede Mahlzeit einbeziehen, stellen wir sicher, dass diese Signale angemessen erfüllt werden, wodurch das Verlangen nach

Nahrung oder der übermäßige Verzehr bestimmter Lebensmittel vermieden wird.

Die Einbeziehung der 6 Geschmacksrichtungen in jede Mahlzeit muss keine beängstigende Aufgabe sein. So kann beispielsweise das Hinzufügen eines Zitronenschubs zu gekochten Gerichten den sauren Geschmack schnell befriedigen, während das Hinzufügen einer Beilage den Geschmack von Bitter und Adstringent erfüllt.

Der süße Geschmack besteht aus Wasser und Erde und ist gut für das Gleichgewicht von Vata und Pitta. Von den sechs Geschmacksrichtungen ist bekannt, dass Süßes die erdendste und nahrhafteste ist. Von Natur aus sind diese Lebensmittel eher schwer, feucht und kühlend. Süßer Geschmack erhöht auf natürliche Weise das Volumen, die Feuchtigkeit und das Gewicht im Körper. Aus diesem Grund ist es hervorragend geeignet, die sieben lebenswichtigen Gewebe des Körpers aus Plasma, Blut, Fett, Muskeln, Knochen, Mark und Fortpflanzungsflüssigkeiten aufzubauen. Süßer Geschmack erhöht auch den Speichel, beruhigt die Schleimhäute und brennende Empfindungen, lindert den Durst und hat positive Auswirkungen auf Haut, Haare und Stimme. Wenn Sie versuchen, Gewicht zuzulegen, ist Süßes der Geschmack, den Sie hervorheben sollten. Seine schweren, öligen und feuchten Eigenschaften verlangsamen die Verdauung. In Maßen gegessen, fördert es die Langlebigkeit, gesundes Körpergewebe und beruhigt die Nerven.

Im Westen werden zuckerhaltige Lebensmittel am häufigsten mit diesem Geschmack in Verbindung gebracht. Der süße Geschmack ist in Lebensmitteln wie Weizen, Reis, Milchprodukten, Getreide, Datteln, Kürbissen, Bohnen, Linsen, Banane, Mango, Karotten, Süßkartoffeln, Ahornsirup und Süßholzwurzel zu finden.

Der saure Geschmack besteht aus Erde und Feuer und ist heiß, leicht und feucht. Sauer verringert Vata und erhöht dafür Pitta und Kapha. Es regt den Appetit, die Verdauung und die Speichelproduktion an. Das Gewebe wird gestärkt und bindet Mineralien im Körper besser. Es fördert die Durchblutung, energetisiert den Körper, stärkt das Herz und schärft die Sinne. Es muss in Maßen gegessen werden, denn wenn man es im Übermaß isst, kann es schnell zu Aggressionen im Körper führen.

Einige saure Lebensmittel sind Zitrone, Essig, Joghurt, Käse, eingelegte und fermentierte Lebensmittel, Tamarinde und Wein.

Der salzige Geschmack besteht aus Wasser und Feuer. Diese Lebensmittel sind heiß, schwer und feucht. Es ist das Beste für Vata wegen seiner erdenden und feuchtigkeitsspendenden Natur. Seine Hitze kann Pitta und Kapha verschlimmern. Es verleiht auch Lebensmitteln Geschmack, stimuliert die Verdauung, hilft beim Elektrolythaushalt, reinigt das Gewebe und erhöht die Aufnahme von Mineralien. Aufgrund seiner Trockenheit im Mund kann es unlogisch erscheinen, den salzigen Geschmack als Befeuchtung zu betrachten. Das Element Wasser in seiner Zusammensetzung bezieht sich jedoch auf seine wasserspeichernde Qualität. Aber Vorsicht, im Übermaß kann es zu Wassereinlagerung und Gewichtszunahme kommen, ebenso kann es sich negativ auf Blut und Haut auswirken.

Beispiele für salzige Lebensmittel sind Meeresgemüse, Meersalz, schwarze Oliven, Himalaya-Salz, Steinsalz und salzhaltige verarbeitete Lebensmittel, wie gesalzene Nüsse oder Chips, obwohl verarbeitete Lebensmittel keine empfohlenen Salzquellen sind.

Feuer und Luft machen den scharfen Geschmack, der heiß, trocken und leicht ist, aus. Scharfes Essen ist die heißeste aller Rasas und regt daher die Verdauung an, verbessert den Appetit, klärt die Nebenhöhlen, regt die Durchblutung an und steigert die Sinne. Scharfes Essen kann Ihnen helfen, schnell und klar zu denken und komplizierte Dinge leichter zu verstehen. Es fördert die Entgiftung, den Kreislauf, den Stoffwechsel und vertreibt Gas und Muskelschmerzen. Zu viel scharfes Essen kann dich jedoch übermäßig kritisch machen. Scharfes Essen verschlimmert Pitta schnell und bringt Kapha ins Gleichgewicht. Vata verarbeitet scharfe Geschmacksnoten am besten, wenn sie mit sauren, süßen oder salzigen Lebensmitteln kombiniert werden.

Einige Beispiele für scharfe Lebensmittel: scharfe Paprika, Ingwer, Zwiebeln, Knoblauch, Senf und scharfe Gewürze.

Bitterer Geschmack besteht aus Luft und Raum. Es gilt als das kühlste und leichteste aller Geschmacksrichtungen. Aufgrund seiner kühlen und antiseptischen Eigenschaften ist es sehr entgiftend und kann helfen, Abfallprodukte aus dem Körper zu entfernen. Es ist auch hilfreich bei der Reduzierung von Gewicht, Wasseransammlung, Hautausschlägen, Fieber, brennenden Empfindungen und Übelkeit. Bittere Lebensmittel helfen auch bei der mentalen Reinigung, indem sie dich von Leidenschaften und schwülen Emotionen befreien. Es ist das Beste für Pitta, gut für Kapha und am wenigsten vorteilhaft für Vata.

Zu den Bitterstoffen gehören rohes grünes Gemüse, Blattgemüse, Aubergine, Zucchini, Kurkuma, Grapefruit, Bittermelone, grüne, schwarze und die meisten Kräutertees.

Der adstringierende Geschmack besteht aus Luft und Erde. Es ist kühl, trocken und fest. Viele Bohnen und Hülsenfrüchte sind adstringierend und können Gas verursachen, weshalb es ein Geschmack ist, den Vata in Maßen essen sollte. Pitta profitiert am meisten von der Kühle des adstringierenden Geschmacks, und seine trockenen, leichten Eigenschaften gleichen Kapha aus. Der adstringierende Geschmack wird mehr in Bezug auf seine Wirkung auf die Zunge als auf seinen tatsächlichen Geschmack eingestuft. Es erzeugt ein kräuselndes Gefühl im Mund oder ein trockenes, kalkhaltiges Gefühl.

Unreife Bananen, grüne Trauben, Granatäpfel, Preiselbeeren, grüne Bohnen, Linsen, Blumenkohl, Artischocke, Spargel, Roggen, Quinoa, Kurkuma und Majoran sind allesamt adstringierende Lebensmittel, obwohl diese Geschmacksrichtung am seltensten vorkommt.

Die 7 Dhatus

Wir alle wissen, dass Nahrung für das Leben notwendig ist. Die Art und Weise, wie Lebensmittel den Körper tatsächlich ernähren, wird jedoch oft nicht verstanden. Ayurveda identifiziert sieben lebenswichtige Gewebe, die den gesamten Körper mit Nährstoffen, Wachstum und Struktur versorgen. Diese Gewebeschichten, genannt Dhatus, ähneln auffallend den großen Geweben, die von der modernen Wissenschaft identifiziert wurden. Ayurveda erweitert die moderne Interpretation, indem es jedoch auch Gewebe in flüssiger Form einbezieht. Die 7 Dhatus sind:

1. Plasma (Rasa)
2. Blut (Rakta)
3. Muskel (Mamsa)
4. Fett (Meda)
5. Knochen (Asthi)
6. Knochenmark und Nerv (Majja)
7. Reproduktionsflüssigkeit (Shukra)

Sobald die Nahrung vollständig verdaut ist, beginnt der Aufbau von Gewebe. Ausgehend vom Plasma bilden sich die Gewebe sequentiell, wobei jede Schicht auf den vor ihr liegenden Schichten aufbaut. Ein Ungleichgewicht in einem Gewebe wirkt sich daher auf alle nachfolgenden Gewebe aus. Ungesundes Plasma zum Beispiel betrifft alle Schichten.

Die richtige Ernährung und Verdauung sorgen für eine ausgezeichnete Gewebeerneuerung. Plasma ist reich an Verdauungsnährstoffen und überträgt diese Nährstoffe aktiv auf die nachfolgenden Gewebeschichten. Auf diese Weise werden selbst die tiefsten und komplexesten Gewebe durch die Nahrung, die wir essen, ernährt. Ojas ist die ultimative "Essenz" jedes

Dhatu. Der effektivste Weg, die Gesundheit des Dhatus zu verbessern, ist die Erhöhung der Ojas. Eine unsachgemäße Ernährung und Verdauung hingegen führt zur Amabildung in jeder Gewebeschicht.

Ernährungstipps für Vata, Pitta und Kapha

Vata

Allgemeine Lebensmittelrichtlinien für die Verringerung der Vata beinhalten warme, gut gekochte, salzige Lebensmittel. Man sollte drei- bis viermal täglich kleine Mahlzeiten einnehmen und kann bei Bedarf einen Snack zu sich nehmen, während zwischen den Mahlzeiten eine zweistündige Pause eingehalten werden sollte. Die Regelmäßigkeit der Mahlzeiten ist für Vata wichtig. Diejenigen mit Vata-dominanten Konstitutionen eignen sich gut für Eintopf-Mahlzeiten wie Suppen, Eintöpfe und Aufläufe. Sie können mehr Öl zum Kochen ihrer Lebensmittel verwenden als die beiden anderen Doshas und eine bessere Verdauung erleben, wenn sie die Aufnahme von Rohstoffen einschränken.

Gut gekochter Hafer und Reis sind gut für Vata, da sie nicht zu trocken sind, wenn sie mit viel Wasser und Butter oder Ghee gekocht werden. Während gekochtes Gemüse am besten für Vata geeignet ist, ist der gelegentliche Salat mit einem guten öligen oder cremigen Dressing in Ordnung. Süße, reife und saftige Früchte sind gut für Vata. Die adstringierenden und trockenen Früchte wie Preiselbeeren, Granatäpfel und rohe Äpfel sollten vermieden werden. Obst sollte immer auf nüchternen Magen alleine gegessen werden. Hat eine Vata-Person Gelenk- oder Muskelschmerzen, sollten Nachtschattengewächse, wie Tomaten, Kartoffeln, Auberginen, Paprika sowie Spinat möglichst umgangen werden.

Viele Vata-Leute können ihren Proteinbedarf durch den sinnvollen Einsatz von Milchprodukten decken, aber auch Eier, Huhn, Pute, frischen Fisch und Wild, wenn sie es wünschen. Hülsenfrüchte sind schwer verdaulich und sollten in begrenzter Menge von denen verzehrt werden, die versuchen, Vata zu beruhigen. Alle Nüsse und Samen sind gut für Vata, werden aber am besten als Butter oder Milch verwendet. Alle Öle sind gut bekömmlich, aber besonders Sesamöl hilft der Verdauung. Das Kochen mit Gewürzen wie Kurkuma, Kreuzkümmel, Koriander, Ingwer und Knoblauch hilft zu verhindern, dass Vata gestört wird.

Vatas können während oder nach einer Mahlzeit ein halbes Glas Wein, mit Wasser verdünnt, trinken. Da Vata-Leute dazu neigen, süchtig zu werden, sollten sie Zucker, Koffein und Tabak vermeiden. Die Intensität selbst kann für Vata berauschend sein, daher sollte man mit Entspannung und Meditation versuchen dagegen zu wirken.

Pitta

Für die Ausbalancierung von Pitta sollten saure, salzige und stechende Lebensmitteln vermieden werden. Vegetarismus ist das Beste für Pitta-Leute und sie sollten auf Fleisch, Eier, Alkohol und Salz verzichten. Um ihre natürliche Aggressivität und Zwanghaftigkeit zu beruhigen, ist es von Vorteil, süße, kühlende und bittere Lebensmittel und Geschmacksrichtungen in ihre Ernährung aufzunehmen.

Gerste, Reis, Hafer und Weizen sind gute Körner für Pitta-dominante Individuen und Gemüse sollte einen wesentlichen Teil ihrer Ernährung ausmachen. Tomaten, Rettich, Chili, Knoblauch und rohe Zwiebeln sollten vermieden werden. Tatsächlich wird jedes Gemüse, das zu sauer oder scharf ist, Pitta verschlimmern, aber die meisten anderen Gemüsearten werden helfen, sie zu beruhigen. Salate und Rohkost eignen sich besonders im Frühjahr und Sommer gut für Pitta, ebenso wie alle süßen Früchte. Saure Früchte sollten vermieden werden, mit Ausnahme von Limetten, die sparsam verwendet werden können.

Tierische Lebensmittel, insbesondere Meeresfrüchte und Eier, sollten nur in Maßen von Pitta-Menschen eingenommen werden. Huhn, Pute, Kaninchen und Wild sind in Ordnung. Alle Hülsenfrüchte sind in kleinen Mengen gut, wobei schwarze Linsen, Kichererbsen und Mungobohnen die besten sind. Süße Milchprodukte sind gut und beinhalten Milch, ungesalzene Butter, Ghee und weiche, ungesalzene Käse. Joghurt kann verwendet werden, wenn er mit Gewürzen, etwas Süßstoff und Wasser vermischt wird. Die meisten Nüsse und Samen haben zu viel Öl und sind daher nicht empfehlenswert für Pitta. Gelegentlich sind aber Kokosnuss und Sonnenblumen- und Kürbiskerne in Ordnung. Geringe Mengen an Kokos-, Oliven- und Sonnenblumenöl sind gut für Pitta.

Tatsächlich können Pitta-Leute Süßstoff besser verwenden als die beiden anderen Doshas, weil er Pitta lindert. Sie sollten jedoch auf scharfe Gewürze verzichten und vor allem Kardamom, Zimt, Koriander, Fenchel und Kurkuma mit geringen Mengen an Kreuzkümmel und schwarzem Pfeffer verwenden. Kaffee, Alkohol und Tabak sollten vollständig vermieden werden, obwohl das gelegentliche Bier für eine Pitta-Person entspannend sein kann. Schwarzer Tee kann auch gelegentlich mit etwas Milch und einer Prise Kardamom verwendet werden.

Kapha

Ernährungsrichtlinien für Kaphas betonen bittere, adstringierende und scharfe Geschmacksrichtungen. Sie brauchen tatsächlich Lebensmittel, die ihren Geist beleben und gleichzeitig ihren Gesamtverbrauch an Lebensmitteln begrenzen. Sie sollten Milchprodukte und Fette jeglicher Art, insbesondere frittierte oder fettige Lebensmittel, vermeiden.

Diejenigen mit Kapha-dominanten Konstitutionen benötigen weniger Getreide als Pitta oder Vata. Am besten sind geröstete oder trockene gekochte Körner, wie Buchweizen, Hirse, Gerste, Reis und Mais. Alle Gemüse sind gut für Kapha, aber man sollte das Blattgemüse und das Gemüse, das über dem Boden angebaut wird, mehr betonen als Wurzelgemüse, während man süßes, saures oder saftiges Gemüse vermeiden sollte. Im Allgemeinen können Kapha-Leute Rohkost essen, obwohl gedünstetes oder gebratenes Gemüse leichter verdaulich ist. Sehr süße oder saure Früchte sollten vermieden werden, wobei die adstringierenderen und trockeneren Früchte wie Äpfel, Aprikosen, Preiselbeeren, Mangos, Pfirsiche und Birnen ab und zu gerne gegessen werden können.

Nur selten brauchen Kapha-Menschen tierische Nahrung, und wenn sollte es trocken gekocht, gebacken, gebraten, gebrüht, aber nie gebraten sein. Sie können Huhn, Eier, Kaninchen, Meeresfrüchte und Wild essen. Da ihr Körper keine großen Mengen an Eiweiß benötigt, sollten sie auch keine Hülsenfrüchte überessen, obwohl diese aufgrund des Fettmangels für sie besser sind als Fleisch. Schwarze Bohnen, Mungobohnen, Pinto-Bohnen und rote Linsen sind am besten für Kapha-Typen geeignet.

Die schweren Eigenschaften von Nüssen und Samen verschlimmern Kapha ebenso wie das darin enthaltene Öl. Gelegentliche Sonnenblumen- und Kürbiskerne sind in Ordnung und Mandel-, Mais- oder Sonnenblumenöle können ebenfalls in kleinen Mengen verwendet werden. Das Gleiche gilt für Milchprodukte: Kapha-Personen sollten die schweren, kühlenden, süßen Eigenschaften von Milchprodukten vermeiden. Aber ein wenig Ghee zum Kochen und etwas Ziegenmilch ist gut.

Da Kapha-Bewohner Süßigkeiten vermeiden sollten, sollte sie nur Rohhonig verwenden, der erhitzt wird. Sie können jedoch alle Gewürze, außer Salz, verwenden, wobei Ingwer und Knoblauch am besten geeignet sind. Eine Person, deren dominantes Dosha Kapha ist und die nur sehr wenig Einfluss auf die anderen beiden Doshas hat, kann von der gelegentlichen Verwendung von Stimulanzien wie Kaffee und Tee profitieren. Sie werden auch nicht so stark durch Tabak und Schnaps geschädigt. Allerdings brauchen sie wirklich keinen Alkohol. Wenn sie sich für Alkohol entscheiden, ist Wein die beste Wahl.

Nahrungsmittelkombinationen

Es ist keine Überraschung, heute auf dem Markt so viele Verdauungs- und Ernährungshilfen für den Magen zu sehen, zusammen mit Pillen gegen Bähungen und Verdauungsstörungen. Die meisten dieser Beschwerden beginnen wahrscheinlich mit einer schlechten Kombination von Lebensmitteln. Dies ist ein Thema, das angesichts der wachsenden Sorge um die Ernährung und der vielen Theorien zu diesem Thema viel diskutiert wird.

Nach Ayurveda hat jede Nahrung ihren eigenen Geschmack (rasa), eine Heiz- oder Kühlenergie (virya) und eine postdigestive Wirkung (vipaka). Einige besitzen auch Prabhava, eine unerklärliche Wirkung. Während es also wahr ist, dass das Agni (Verdauungsfeuer) eines Individuums weitgehend bestimmt, wie gut oder schlecht die Nahrung verdaut wird, sind auch Nahrungskombinationen von großer Bedeutung. Wenn zwei oder mehr Lebensmittel mit unterschiedlichem Geschmack, Energie und postdigestiver Wirkung kombiniert werden, kann Agni überlastet werden, was das Enzymsystem hemmt und zur Bildung von Giftstoffen führt. Doch dieselben Lebensmittel, wenn sie separat gegessen werden, können Agni stimulieren, schneller verdaut werden und sogar helfen, Ama zu verbrennen.

Eine schlechte Kombination kann zu Verdauungsstörungen, Fermentation, Fäulnis und Gasbildung und, wenn sie länger andauert, zu Toxämie und Krankheiten führen. So kann beispielsweise der Verzehr von Bananen mit Milch Agni vermindern, die Darmflora verändern, Toxine produzieren und Sinusstauungen, Erkältungen, Husten und Allergien verursachen. Obwohl beide Lebensmittel einen süßen Geschmack und eine kühlende Energie haben, ist ihre postdigestive Wirkung sehr unterschiedlich - Bananen sind sauer, während Milch süß ist. Dies führt zu Verwirrung in unserem Verdauungssystem und kann zu Toxinen, Allergien und anderen Ungleichgewichten führen.

Bevor Sie aber sagen: "Das ist VIEL zu kompliziert, wie soll ich das jemals herausfinden", gibt es einige nützliche Richtlinien, um Sie in diese Konzepte einzuführen. Und denken Sie daran, dass Ayurveda ein starker Befürworter der Denkweise "es langsam angehen" ist.

Probieren Sie einfach zuerst zwei Dinge zu befolgen, wenn das gut funktioniert und Sie merken, wie es seine positive Wirkung zeigt, können Sie dieses Thema intensivieren.

Essen Sie Früchte alleine. Die meisten Früchte vertragen sich nicht mit anderen Lebensmitteln und erzeugen zusammen einen sauren und unverdaulichen Saft im Magen.

Trennen Sie rohe von gekochten Lebensmitteln und frische von den Resten. Das heißt, essen Sie nur gekochte Sachen mit gekochten und rohe mit rohen. Und bereiten Sie entweder eine Mahlzeit komplett aus frischen Nahrungsmitteln zu oder ganz aus den Resten.

Das sind zwei einfache Regeln, die sich leicht zu befolgen lassen und auch nicht viel Zeit in Anspruch nehmen.

Doch auch wenn Sie sie nicht beachten, lassen Sie sich nicht beunruhigen. Es wäre für Ihre Verdauung und somit für Ihr Wohlbefinden am besten, wenn Sie bestimmte Nahrungsmittelkombinationen weglassen würden, aber falls es doch mal passieren sollte, nehmen Sie keinen großen Schaden. Außerdem gibt es einige Tricks, um die Auswirkungen schlechter Kombinationen zu mindern.

Ein starkes Verdauungsfeuer (Agni) ist das mächtigste Werkzeug von allen, um mit "schlechten" Nahrungskombinationen umzugehen. Entweder haben Sie Glück und Sie sind seit Ihrer Geburt damit gesegnet oder Sie können lernen es zu stärken.

Unterschiedliche Mengen der einzelnen Lebensmittel, die in einer Kombination verwendet werden, können manchmal erheblich helfen. Zum Beispiel sind gleiche Gewichtsmengen von Ghee und Honig eine schlechte Kombination, Ghee kühlt, aber Honig erwärmt sich. Ein Verhältnis von 2:1 ist sehr gut bekömmlich.

Sehr oft werden Gewürze und Kräuter in der ayurvedischen Küche hinzugefügt, um Lebensmittel kompatibel zu machen oder eine starke Wirkung zu erzielen, z.B. kühlender Koriander in sehr scharfen Lebensmitteln.

Gegenmittel, wie Kardamom im Kaffee oder Ghee und schwarzer Pfeffer mit Kartoffeln, können oft helfen, einige der negativen Auswirkungen zu lindern.

Verdauung / Agni

Nach dem aktuellen doshischen Zustand einer Person ist Agni der wichtigste Faktor bei der Bestimmung des Ernährungsbedarfs. Es ist eine leicht zu beobachtende Tatsache, dass wir alle Lebensmittel unterschiedlich verdauen. Eine Person kann nach einer Mahlzeit zufrieden schimmern, während eine andere Person mit Magenkrämpfen zu kämpfen hat, nachdem sie genau dasselbe gegessen hat. Aus diesem Grund sind Begriffe wie "Eisenmagen" und "Essen wie ein Vogel" zu Alltagsbegriffen geworden.

Die Wissenschaft der Ayurveda lehrt uns, dass eine gute Gesundheit von unserer Fähigkeit abhängt, die ernährungsphysiologischen, emotionalen und sensorischen Informationen, die wir aufnehmen, vollständig zu metabolisieren. Dafür ist die Verdauung zuständig. Das Magenfeuer oder Agni im Magen und Verdauungstrakt ist das Haupttor, durch das Nährstoffe in das Gewebe gelangen und dann an einzelne Zellen abgegeben werden, um die Lebensfunktionen aufrechtzuerhalten. Eine starke Verdauungsenergie bildet ein gesundes Gewebe, beseitigt Abfallprodukte und produziert eine subtile Essenz namens Ojas. Ojas ist die Quelle unsere Vitalität und dient dazu, die Wahrnehmung, körperliche Kraft und Immunität zu steigern.

Ist das Agni jedoch geschwächt oder unvollständig, bilden sich toxische Rückstände im Körper, die Ama. Eine Ansammlung von Ama behindern den Energie-, Informations- und Nahrungsfluss im Körper und ist die Grundlage jeder Krankheit. Während Wasser und Blut der süße Nektar des Körpers sind, ist Ama der faule Schlamm. Ama sind unverdaute Speisereste, die sich in den Organen und Kanälen des Körpers ansiedeln. Wenn unsere Fähigkeit, Nahrung zu verdauen, beeinträchtigt wird, kann der Körper keine essentiellen Nährstoffe mehr aufnehmen. Der Ayurveda betrachtet die Ama als einen der bedrohlichsten Gegner einer guten Gesundheit und verbindet die Mehrheit der Gesundheitsstörungen in irgendeiner Weise mit dem Vorhandensein dieser Substanz.

Ama kann entstehen, wenn man außerhalb seiner Dosha-Konstitution isst, sich überisst, das Essen keinen Geschmack hat, man zu viel Wasser zu den Mahlzeiten trinkt, zu unregelmäßigen Zeiten isst und nicht genug Bewegung hat.

Sie können schon seit Anfang Ihres Lebens mit einem starken Agni gesegnet sein oder Sie müssen versuchen es zu stärken. Dazu ein paar Maßnahmen, die schnell und leicht anwendbar sind.

Setzen Sie sich immer zum Essen hin, essen Sie nicht vor dem Computer oder Fernseher oder während einer Fahrt.

Essen Sie in einer ruhigen Atmosphäre. Falls Sie verärgert, nervös oder hyperaktiv sind, versuchen Sie sich vorher zu beruhigen und essen Sie erst dann.

Essen Sie solange nicht, bis Sie definitiv Hunger haben.

Essen Sie in einem moderaten Tempo. Das heißt, verschlingen Sie Ihr Essen nicht mit einem Bissen, lassen Sie sich aber auch nicht zu lange Zeit.

Heißes Wasser mit Ingwer fördert die Verdauung.

Bewegen Sie sich regelmäßig, das heißt, treiben Sie Sport oder gehen Sie auch nur spazieren.

Holen Sie sich reichlich erholsamen Schlaf.

Salz fördert die Verdauung und hilft Wasser zurückzuhalten.

Alkalien helfen bei der Verdauung und regulieren das Magenfeuer.

Kleine Schlückchen warmes Wasser während einer Mahlzeit helfen bei der Verdauung und Aufnahme der Nahrung. Trinken Sie kein Eiswasser, da es Agni und Verdauung verlangsamt.

Richtiges Kauen ist für eine gute Verdauung unerlässlich und stellt sicher, dass die Nahrung gründlich mit Speichel vermischt wird.

Im Idealfall sollte man den Magen mit einem Drittel Nahrung füllen, ein Drittel Flüssigkeit und ein Drittel leer sein.

Befolgen Sie die meisten dieser Vorschläge sind Sie auf dem richtigen Weg und sollten schon eine Verbesserung feststellen.

Ayurveda identifiziert auch zahlreiche Möglichkeiten, den Körper von überschüssigen Ama zu befreien. Schwitzen durch körperliche Betätigung ist zum Beispiel ein sehr effektiver Weg, um die Ama aus dem Gewebe und den Kanälen des Körpers zu befreien. Nach dem Atmen ist das Schwitzen die zweitgrößte Entgiftungsmethode des Körpers. Spezielle Ernährungspraktiken, wie das Trinken von Reinigungstees oder das Fasten, sind ebenfalls wirksam. Diese Techniken sollten Sie aber nicht zu häufig anwenden und besonders nicht, wenn Ihr Körper durch Krankheiten oder Schwangerschaft geschwächt ist.

Fasten ist eine effektive Möglichkeit, das Verdauungsfeuer anzuzünden und angesammelte Giftstoffe aus Körper und Geist zu verbrennen. Es beseitigt auch Gase, macht den Körper leicht, verbessert die geistige Klarheit und bewahrt die allgemeine Gesundheit. Ayurveda begünstigt regelmäßiges, kurzfristiges Fasten gegenüber seltenem, langfristigem Fasten. Dies kann das Fasten am gleichen Tag in der Woche oder das Beiseitelegen einiger Tage im Monat zum Fasten beinhalten, je nach Konstitution und Reinigungsanforderungen. Laut Ayurveda führt der Verzicht auf Nahrung oder Wasser über einen längeren Zeitraum zu einer Erschöpfung des Körpergewebes, was zu einem doshischen Ungleichgewicht führt.

Bei der Bestimmung der geeigneten Art und Länge des Fastens ist es wichtig, Ihre Konstitution, die Verdauungskraft, den Grad der Ama und die allgemeine Vitalität zu berücksichtigen. Es ist nie ratsam, seine Energie während des Fastens zu verbrauchen. Wenn Sie neu im Fasten sind oder eine chronische Erkrankung haben, empfehle ich Ihnen, sich von einem ayurvedischen Arzt beraten zu lassen. Es ist am besten, eine Fastenzeit zu wählen, in der Sie einer friedlichen, nicht stressigen Routine folgen können. Die wichtigste Regel, die man sich merken sollte, ist, allmählich wieder zu essen und sich langsam auf den Weg zu festen Lebensmitteln zu machen.

Es gibt verschiedene Arten des Fastens, mit verschiedenen Schwierigkeitsgraden. So kann man einfach nur leichte Lebensmittel oder nur Obst, Gemüse oder Säfte konsumieren. Man kann auch komplett auf feste Nahrungsmittel verzichten und nur Wasser und Kräutertees trinken. Bei der schwersten Variante verzichtet man sowohl auf Nahrung als auch auf Wasser.

Chakren

In den alten indischen Texten, den sogenannten Veden, erfährt man, dass der physische Körper aus den fünf großen Elementen besteht, den Mahabhutas. Alte Texte erklären weiter, dass wir auch einen subtilen Körper haben. Dieser feinstoffliche Körper ist in seiner Natur nichtphysisch und energetisch. Der feinstoffliche Körper wird von Prana oder lebenswichtiger Lebenskraft beherrscht. Prana zirkuliert im Körper und Geist. Es ist für den Energie- und Informationsfluss verantwortlich. Im subtilen Körper wandert Prana durch Kanäle, die Nadis genannt werden. Nadis sind Kreislaufkanäle im Körper, wie Venen, Arterien, Atmungssystem, Nervensystem, Verdauungssystem, Ausscheidungssystem und Fortpflanzungssystem. Stellen Sie sich Nadis als die Informationsautobahn für Ihren Geist, Ihren Körper, Ihre Seele und Ihren Geist vor, so wie das Internet die Informationsautobahn ist, die Informationen in Ihren Browser bringt.

Wenn Sie Schwierigkeiten haben, das Konzept des subtilen Körpers zu erfassen, reflektieren Sie Ihren Geist und Ihre Gedanken. Gedanken sind nichtphysische Entitäten. Fragen Sie jeden, der denkt (und das würde uns alle einschließen), und er wird Ihnen sagen, dass die Gedanken wirklich echt sind. Wissenschaftler konnten Bereiche im Gehirn lokalisieren, in denen Gedanken entstehen oder stattfinden, aber ein menschlicher Kopf wird geöffnet und Sie werden dort keinen Gedanken, die man anfassen kann, finden. Nach vedischen Texten sind Geist, Intellekt und Ego genauso im Körper wie die Gedanken. Sie sind da, auch wenn man sie nicht greifen kann.

Damit Ihr Körper auf einem optimalen Niveau arbeiten kann, müssen die Kanäle, über die Informationen übertragen werden, geöffnet sein, damit diese Informationen schnell an ihr Ziel gelangen. Wenn sie blockiert sind oder die Informationen in einem bestimmten Bereich anomalisiert werden, erhalten Sie nicht die erforderlichen Informationen, wenn Sie sie benötigen. Die Nadis sind also die Autobahnen oder die Glasfaserkabel, und Prana ist das Informationspaket, das transportiert werden muss.

Insgesamt befinden sich im Körper 88.000 Chakren und die sieben Hauptchakren sind die Informationszentren. Sie sammeln Informationen über bestimmte Aspekte Ihres Körpers, Geistes, Geistes, Ihrer Gesundheit und Ihres Lebens. Wenn ausreichende Energie zu diesen Chakren fließt, füllt diese Energie das Gebiet mit den Informationen, die jedes Chakra benötigt, um seine einzigartige Spezialität zu erfüllen. Wie eine Autobahn bewegt sich Ihr Körper ständig, verändert sich, wächst und wird durch äußere Einflüsse verändert. Während Sie beabsichtigen, die Energie und Informationen jederzeit in Ihrem Körper fließen zu lassen, können Ihre Lebensstil-Entscheidungen, Lebenserfahrungen und Einflüsse von außen den Fluss behindern. Glücklicherweise können bestimmte Praktiken dazu beitragen, diese Kanäle offen zu halten und Informationen frei fließen zu lassen. Das Wort Chakra bedeutet "Rad" oder "Scheibe". Denken Sie an die Chakren als sich drehende Energiewirbel. Die sieben Hauptchakren sind entlang der Wirbelsäule ausgerichtet und beginnen an der Basis der Wirbelsäule und bewegen sich bis zur Kopfkrone.

Um die Reise in die Chakren kognitiv erfassen zu können, ist es wichtig, ein wenig über die dahinterstehende Geschichte zu verstehen. Laut den Upanishaden, einer Sammlung alter hinduistischer Texte, ist Purusha (Geist) reines universelles Bewusstsein. Purusha ist formlos und unveränderlich. Aus Purusha wird Prakruti, physikalische Materie, gebildet. Prakruti kann sich ändern und wird von Ursache und Wirkung beeinflusst. Alles ist eine Kreation von Purusha: Sonne, Mond, Sterne, Planeten, Bäume, Tiere und Menschen.

Das Hauptziel ist nun der Weg zurück zur Selbstverwirklichung zu finden. Das Wort Selbst im Akt der Selbstverwirklichung bezieht sich nicht auf Ihr individuelles Selbst mit Ihrer einzigartigen Persönlichkeit und Ihrem individuellen Körper, sondern eher auf das Erwachen des Selbst.

Das erste Ziel beim Streben nach Selbstverwirklichung ist ein ausgeglichenes Leben. Wie Tantra lehrt, besteht Ihr Ziel nicht darin, den Körper und das physische Reich zu verleugnen, sondern es vollständig zu umarmen und alles Gute daraus zu ziehen, was Sie möglicherweise tun können, während Sie auf einen erleuchteten Seinszustand hinarbeiten. Wenn Sie sich offen und nahtlos durch die Chakren bewegen können, haben Sie die Erleuchtung erreicht. Es werden Ihnen hier die verschiedenen Chakren und wozu sie zuständig sind erklärt. Alle Chakren zu öffnen und offen zu halten ist sehr schwer und geht nicht von heute auf morgen. Das ist aber auch kein Problem. Versuchen Sie es einfach in Ihrem Rahmen und nehmen Sie sich Zeit dafür. Einen Schritt nach dem anderen. Öffnen Sie Ihre Chakren mit Ayurveda, Meditation und Yoga. Wenn Ihre Chakren ausgeglichen sind, werden Sie sich entspannt, zentriert, geerdet, energetisiert und bewusst fühlen.

Das Wurzelchakra befindet sich an der Basis der Wirbelsäule, des Beckenbodens und der ersten drei Wirbel. Es ist für Ihr Sicherheitsgefühl auf dieser irdischen Reise verantwortlich. Das Wort *Muladhara* zerfällt in zwei Sanskrit-Wörter: Mula bedeutet "Wurzel" und Adhara, was "Unterstützung" oder "Basis" bedeutet.

Dies ist das erste der Chakren der Materie. Das Balancieren des Wurzelchakras schafft die solide Grundlage, um die Chakren darüber zu öffnen. Stellen Sie sich vor, Sie legen den Grundstein für ein Haus, in dem Sie lange leben werden. Ein festes Fundament in festem Boden bietet die Stabilität, die Sie brauchen, um ein Zuhause zu schaffen, das über Jahre hinweg voller Freude ist.

Das Wurzelchakra umfasst alle möglichen Gründe für Stabilität in Ihrem Leben. Dazu gehören Ihre Grundbedürfnisse wie Nahrung, Wasser, Unterkunft und Sicherheit sowie Ihre emotionalen Bedürfnisse wie das Loslassen der Angst. Wenn diese Bedürfnisse erfüllt sind, fühlen Sie sich geerdet und sicher und neigen dazu, sich Tag für Tag weniger Sorgen zu machen.

Bei einem Ungleichgewicht im Wurzelchakra kann es zu Angststörungen, Ängsten oder Albträumen kommen. Körperliche Ungleichgewichte können sich als Probleme im Dickdarm, in der Blase, bei der Beseitigung oder bei Problemen mit dem unteren Rücken, den Beinen oder Füßen äußern. Bei Männern können Prostataprobleme auftreten. Essstörungen können auch ein Zeichen für ein Wurzelchakra-Ungleichgewicht sein.

Sie können nicht immer darauf vertrauen, dass die Welt Ihnen das gibt, was Sie zum Überleben brauchen, aber die Verbindung zu

Ihrem höheren Selbst und das Vertrauen in eine höhere Macht als Sie selbst werden Ihnen das geben, was Sie brauchen, um sich sicher zu fühlen. Es spielt keine Rolle, ob Sie das Bewusstsein der höheren Macht, Mutter Natur, Gott oder Geist nennen. Die Verbindung zu universeller Energie wird Ihnen ein Gefühl von Frieden und Stabilität geben.

Das zweite Chakra, *Svadhisthana*, ist auch bekannt als das kreative und sexuelle Chakra. Sie befindet sich über dem Schambein und unter dem Nabel und umfasst die Genitalregion und den hypogastrischen Plexus. Das Wort Svadhisthana kann übersetzt werden als "der Wohnort des Selbst" und das Element des zweiten Chakras ist Wasser, was Kohäsion bedeutet. Ein ausgeglichenes zweites Chakra führt zu Gefühlen von Wohlbefinden, Fülle, Vergnügen und Freude. Wenn dieses Chakra aus dem Gleichgewicht ist, kann eine Person emotionale Instabilität, Angst vor Veränderungen, sexuelle Dysfunktion, Depressionen oder Abhängigkeiten erleben.

Nehmen Sie sich Zeit, um die kleinen Geschenke des Lebens zu bemerken? Beim Sakralchakra geht es darum, Freude annehmen zu können. Gutes Wetter, köstliches Essen und aufmunternde Gesellschaft sind alle Möglichkeiten, Freude anmutig anzunehmen. Das Sakralchakra ist ausgeglichen, wenn man offen ist, den Alltag auf kleine, aber sinnvolle Weise zu genießen. Auch verbunden mit dem sakralen Chakra ist Kreativität, entscheidend für die körperliche, geistige, emotionale und spirituelle Gesundheit. Wir alle haben ein kreatives Talent, eine Fähigkeit oder eine Leidenschaft, die darauf wartet, entdeckt zu werden. Wenn Sie Ihr zweites Chakra öffnen möchten, müssen Sie Risiken eingehen und dürfen keine Angst vor dem Scheitern haben.

Das Sakralchakra ist auch der Ort, an dem sich die Energien befinden, die mit Süchten und Begierden verbunden sind. Ob Nahrung, Social Media, Sex oder Alkohol, verwöhnen Sie sich mit dem Bewusstsein. Entdecken Sie Ihren Körper, seien Sie stolz und ehren ihn. Zu viele Einschränkungen oder zu wenig Disziplin können das Sakralchakra schwächen. Erlauben Sie sich, Spaß zu haben, aber seien Sie sich auch der Abhängigkeiten bewusst.

Bei diesem Chakra ist es wichtig auch mal „Nein“ sagen zu können. Zeigen Sie gesunde Grenzen auf und verweigern Sie Ereignisse, die nicht erbaulich sind, Partnerschaften, die nicht dienen, und Gewohnheiten, die Sie nicht erfüllen. Die Dinge, die Ihnen Zeit rauben, schwächen auch den Solarplexus, der die Energien der Freude, Motivation und Unabhängigkeit beherbergt.

Das dritte Chakra heißt *Manipura*, was "glänzender Edelstein" bedeutet. Es befindet sich um den Nabel im Bereich des Solarplexus und geht hinauf bis zum Brustbein. Es ist eine Quelle der persönlichen Kraft und regiert das Selbstwertgefühl, die Energie der Krieger und die Kraft der Transformation. Das Manipurachakra steuert auch den Stoffwechsel und die Verdauung.

Wenn Sie sich sicher fühlen, ein starkes Ziel haben und selbst motiviert sind, ist Ihr drittes Chakra offen und gesund. Wenn Ihr drittes Chakra aus dem Gleichgewicht gerät, leiden Sie unter einem geringen Selbstwertgefühl, haben Schwierigkeiten, Entscheidungen zu treffen und können Ärger oder Kontrollprobleme haben.

Wenn Sie klare Ziele, Wünsche und Absichten haben, können Sie sie vorantreiben. Jeder kleine Schritt, den Sie tun, um die größere Absicht zu ehren, stärkt Ihr drittes Chakra. Wenn Sie feststellen, dass Sie mit einer Entscheidung nicht weiterkommen oder sich an einem Scheideweg befinden und nicht sicher sind, in welche Richtung Sie gehen sollen, sollten Sie sich ein gutes Gefühl in Ihrem Solarplexus geben.

Dazu schließen Sie die Augen und legen Sie Ihre Hand über den Bereich etwas über Ihrem Bauchnabel. Erinnern Sie sich an das Problem oder das Dilemma. Beachten Sie, wie sich Ihr drittes Chakra anfühlt, wenn Sie ihm eine Auswahl bezüglich des Themas geben, mit dem Sie Probleme haben. Ein sinkendes oder schlechtes Gefühl kann Ihnen sagen, dass die Entscheidung falsch ist. Wenn Sie Ihren Solarplexus mit der richtigen Wahl präsentieren, spüren Sie möglicherweise Leichtigkeit in der Umgebung oder fühlen sich sogar so, als könnten Sie leichter atmen.

Das Verdauungsfeuer, Agni, ist auch im dritten Chakra vorhanden. Damit das Manipurachakra offen und ausgerichtet bleibt, halten Sie Ihr Verdauungsfeuer gesund.

Das vierte Chakra befindet sich im Zentrum der sieben Chakren, drei darunter und drei darüber. Dies ist der Bereich, in dem sich Körper und Geist treffen. Das Herzchakra befindet sich in der Mitte der Brust und umfasst Herz, Herzgeflecht, Thymusdrüse, Lunge und Brust. Es reguliert auch das Lymphsystem. Das Sanskritwort für das vierte Chakra ist *Anahata*, was "unversehrt" oder "unverletzt" bedeutet. Der Name impliziert, dass unter den Verletzungen und Beschwerden vergangener Erfahrungen ein reiner und spiritueller Ort liegt, an dem kein Schmerz existiert.

Das Herzchakra ist ausgeglichen, wenn Sie die Gefühle von Großzügigkeit, Freundlichkeit und Akzeptanz nutzen. Damit das Herzchakra im Gleichgewicht ist, sollten Sie einen gleichberechtigten Austausch von Geben und Empfangen von Liebe haben. Fühlen Sie sich dankbar für Ihren Segen, haben Sie aber keine Angst davor, mit einem "Bitte" nach dem zu fragen, was Sie brauchen. Ein Chakra mit geschlossenem Herzen kann Trauer, Wut, Eifersucht, Angst vor Verrat und Hass Platz machen.

Jeder wurde schon mal in der einen oder anderen Weise verletzt. Wichtig ist, wie wir damit umgehen. Lassen wir zu, dass diese Situationen und Gefühle uns einschränken, wir zurückschlagen und andere verletzen oder können wir das hinter uns lassen und wieder Freude empfinden? Jede Person muss selber entscheiden, wie er oder sie die Sache handhabt, aber um das Herzchakra zu öffnen, muss man lernen loszulassen und weiterzumachen. Loslassen ist so einfach wie eine Entscheidung zu treffen. Der Verstand und das Ego mögen vielleicht etwas anderes sagen, aber es ist so einfach wie die Entscheidung, loszulassen und weiterzumachen.

Das fünfte Chakra, *Vishuddha*, ist das erste der drei spirituellen Chakren. Im Halsbereich regelt es die anatomischen Bereiche Schilddrüse, Nebenschilddrüse, Kiefer, Hals, Mund, Zunge und Kehlkopf. Offen und ausgerichtet im fünften Chakra zu sein bedeutet zu sprechen, zuzuhören und sich von einer höheren Form der Kommunikation auszudrücken. Glaube und Verständnis verbinden die Essenz des Vishuddhachakras. Das dem fünften Chakra entsprechende Element ist Äther oder Raum, und der Sinn ist Hören.

Es ist für die Wahrheit zuständig, in Ihnen, aber auch für die Wahrheit, die Sie anderen gegenüber aussprechen. Bevor man aber ehrlich mit anderen Menschen umgehen kann, sollte man sich erst mit sich selbst auseinandersetzen. Beschäftigen Sie sich mit sich und Ihren Gefühlen, ohne dabei Angst oder ein Vorurteil zu verspüren. Hier kann es hilfreich sein, Fragen, Gedanken und Gefühle einfach aufzuschreiben. Ohne Hast, aber ohne zu überlegen, einfach wie es einem in den Sinn kommt. Danach liest man es selber durch und reflektiert.

Nachdem Sie die Wahrheit gegenüber sich selbst ausgesprochen haben, möchten Sie vielleicht auch Ihre Wahrheit mit anderen teilen. Seien Sie hierbei vorsichtig, denn nicht jeder verkraftet die Wahrheit. Es ist ein heikler Tanz zwischen dem, was man sagt, und dem, taktvoll oder diplomatisch zu bleiben. Oft ist es einfacher zu sagen, was die andere Person hören möchte, als die Wahrheit zu sagen. Schreiben Sie einen Brief, wobei Sie ihn gar nicht abschicken müssen. Es wird Ihnen schon helfen, wenn Sie es sich einfach von der Seele schreiben. Wenn Sie einer bestimmten Person etwas Wichtiges sagen möchten, sich aber nicht trauen, schreiben Sie auch das auf. Lesen Sie es sich öfters laut vor und üben Sie vor einem Spiegel. Denn manche Sachen müssen auch gesagt werden.

Bevor Sie anfangen zu sprechen, fragen Sie sich immer: „Ist das, was ich sagen werde, wahr? Ist es notwendig? Und ist es freundlich?“ Versuchen Sie alle drei Kriterien zu erfüllen, denn dann fühlen nicht nur Sie sich gut beim Gesagten, sondern auch der, der es hören muss.

Das Zuhören ist nämlich ein weiterer Aspekt des fünften Chakras. Die höchste Form des Zuhörens besteht darin, der anderen Person Ihre volle Aufmerksamkeit zu schenken. Das bedeutet, elektronische Geräte wegzulegen oder auszuschalten und darauf zu warten, dass die andere Person vollständig gehört wird, bevor sie reagiert.

Das Halschakra wird von den Stimmbändern genutzt. Mit Mantras und Gesängen stärkt und fördert man genau dieses Chakra.

Das sechste Chakra, *Ajna*, befindet sich im Bereich des dritten Auges, das sich im Raum zwischen den Augenbrauen befindet. Es umfasst die Hypophyse, die Augen, den Kopf und den unteren Teil des Gehirns. Ein unsichtbares, aber mächtiges drittes Auge, das ist dein Zentrum der Intuition. Das Augenchakra öffnet unsere Augen. Und zwar über unser Blickfeld hinaus. Dieses Chakra, was "jenseits der Weisheit" bedeutet, führt zu einem inneren Wissen, das Sie leiten wird, wenn Sie es zulassen. Ein offenes sechstes Chakra erweitert die Intuition, Vorstellungskraft und Visualisierung.

Unsere Erfahrungen werden von den 5 Sinnen wahrgenommen und definieren, was wir schmecken, riechen, hören, sehen und fühlen. Sie helfen uns, das Erlebte zu verarbeiten und zu ordnen. Doch sie beschränken dadurch unser Bewusstsein. Früher musste man sich auf seinen Sinn für Intuition und sein inneres Wissen verlassen. Vor der modernen Technologie mussten wir uns auf Signale aus der Umwelt und einen urtümlicheren Instinkt verlassen, der uns führt. So wie Vögel spüren können, wann ein Tsunami zuschlagen könnte, oder Eichhörnchen wissen, wann es Zeit ist, Nahrung für den Winter zu sammeln, haben auch Menschen einen intuitiven Sinn. Wir haben einfach den Kontakt zu ihm verloren und unsere Fähigkeit, ihm zu vertrauen.

Jeder kennt eine Situation, in der anscheinend alles glatt zu laufen schien, aber ein inneres Gefühl sagte, dass etwas falsch ist. Meistens hört man nicht auf dieses Gefühl und dennoch stellt sich in den meisten Fällen am Ende heraus, dass wir darauf hätten hören sollen. Das ist die Intuition. Öffnen Sie das Augenchakra und lernen Sie wieder Ihren Instinkten zu vertrauen. Achten Sie hierbei ganz besonders auf Träume, denn sie enthalten oft kleine Nachrichten oder Hinweise auf Wünsche, Sehnsüchte, Probleme und Ängste.

Das siebte Chakra, *Sahaswara*, wird als das tausendfache Lotuschakra bezeichnet. Dies ist das oberste Chakra und befindet sich an der Krone des Kopfes. Sahaswara ist die Quelle der Erleuchtung und der spirituellen Verbindung zu allem, was ist. Es ist eine Verbindung zu unserem höheren Selbst, zu jedem Wesen auf dem Planeten und letztlich zu der göttlichen Energie, die alles im Universum erschafft. Wahre Öffnung von Sahaswara bedeutet die Erkenntnis, dass man ein reines Bewusstsein hat.

Die Lotusblume ist ein Symbol sowohl in der hinduistischen als auch in der buddhistischen Tradition. Sie wird in schlammigen Gewässern gepflegt, wächst und entspringt. Sie blüht dort, wo es keine Klarheit gibt. Die Schönheit des Lotus ist einzigartig in seiner Umgebung, die monoton wirkt und keine Ausstrahlung hat.

Wenn man die Entfaltung des siebten Chakras erreicht, tritt man durch die Grenzen des physischen Körpers, des Egos, des Geistes und des Intellekts. Es geht sogar über die individuelle Seele hinaus, die einen mit Samsara verbindet, dem endlosen Kreislauf von Geburt und Wiedergeburt. Man ist von den Fesseln des Begehrens befreit. Weißes Licht umgibt den Körper und man scheint sich in der trüben Umgebung abzuheben.

Nachdem Sie die Beschreibung des siebten Chakras gelesen haben, erscheint es Ihnen wahrscheinlich komplett außer Reichweite. Sie denken sich: "Nun, das klingt gut für Mönche und Gurus, aber nicht für mich. Ich bin nur ein gewöhnlicher Mensch mit einem normalen Leben."

Während wir die Anforderungen des täglichen Lebens und die geschäftigen Köpfe haben, die diese Anforderungen begleiten, ist es vielleicht nicht so weit weg, die Erleuchtung zu erreichen, wie es scheint. Ein würdiges Ziel kann es sein, in einem konstanten Zustand des reinen Bewusstseins zu leben. Aber wie sieht es mit dem Leben mit Momenten des reinen Gewahrseins aus? Wir alle haben diese Momente schon einmal erlebt. Haben Sie jemals bedingungslose Liebe zu jemandem empfunden? Haben Sie schon mal ein Wunder erlebt?

Meditation, Gebet und tägliche Stille sind Disziplinen, die zu erhöhten Momenten spiritueller Verbindung führen. Tatsächlich sind dies die einzigen Mittel, mit denen man die Essenz von Sahaswara erleben kann. Sobald Sie eine tägliche Praxis dieser Aktivitäten etabliert haben, werden Sie eine Erweiterung des spirituellen Bewusstseins der äußeren Welt sehen. Sie werden anfangen, bedingungslose Liebe auf einer beständigen Basis zu erfahren. Sie werden mitfühlender, freundlicher und vergebender sein und mehr Demut zeigen. Im Leben wird es nicht mehr nur um Sie und Ihre Wünsche gehen. Das Leben wird mehr darauf ausgerichtet sein, anderen zu dienen, denn wenn Sie anderen dienen, dienen Sie sich selbst.

Meditation

Bei der Meditation geht es um Entspannung und Entschleunigung. Studien haben gezeigt, dass aufgrund der untrennbaren Verbindung zwischen Geist und Körper schon einfache Belastungen wie eine Untersuchung das Immunsystem schwächen können. Je mehr Sie sich entspannen können, desto weniger Stress werden Sie haben.

Trotz des Anscheins ist der Akt der Meditation mehr als nur eine Zeit lang in der Stille zu sitzen. Es ist der Beginn einer Reise in die inneren Tiefen von Herz und Verstand. Durch die Erforschung dieser Tiefen erschließen wir unsere wahren Wünsche und entwickeln ein Verständnis dafür, wer wir sind und welche einzigartigen Talente und Gaben wir der Welt bringen können. Indem man sein Bewusstsein von normalen Aktivitäten abwendet und sich auf ruhigere Ebenen des Geistes einlässt, kann man sich wieder mit seinem wahren, essentiellen Selbst verbinden. Im Rahmen der Meditation sollte man sich immer wieder vier Fragen stellen: „Wer bin ich? Was will ich? Was ist meine Bestimmung? Wofür bin ich dankbar?" Hören Sie auf jede Antwort, die von innen kommt, komplett wertfrei. Seien Sie ehrlich zu sich selbst und schieben Sie Ihr Ego beiseite, nur so können Sie sich entwickeln und Ihr Bewusstsein erweitern.

In dieser Praxis gibt es ein ständiges Denken. Die Arbeit, eine bestimmte Aktivität bewusst zu machen, auch wenn sie nicht aktiv ist, ist die Anstrengung, etwas zu tun. Der Geist ist immer noch allein mit mindestens einem der Sinne aktiv. In der Meditation wird das Schauen auf die Seele als das Schlüpfen in die Lücke bezeichnet. Der Raum zwischen den Gedanken ist die Lücke. Dies ist der Raum der unbegrenzten Möglichkeiten und der grenzenlosen Kreativität.

Meditation hat das Potenzial, einige wundersame Vorteile zu bieten, aber es kann überwältigend sein, einen Stil zu wählen. Dank seiner Popularität gibt es viele Möglichkeiten zur Auswahl und das Internet hat viel zu diesem Thema zu sagen. Eines der größten Geschenke der Meditation ist es, zu lernen, flexibel zu sein, und das wird besonders wichtig, wenn es um Ihre Meditationspraxis geht. Die Wahl eines Meditationsstils sollte stressfrei sein, obwohl es entmutigend sein kann, wenn Sie nicht die Ergebnisse spüren, die Sie erwarten. Am Anfang ist es das Beste, wenn man einfach verschiedene ausprobiert. Sie sollten sich beim Meditieren wohlfühlen, aber Sie können auch die Stile wechseln, falls Ihnen schnell langweilig wird und Sie experimentierfreudig sind.

Es gibt keine Meditationsmethode, die besser funktioniert als eine andere. Sie alle bieten ihre eigenen einzigartigen Vorteile und auch die Erfahrung jedes Einzelnen ist unterschiedlich. Je nachdem, was im Leben vor sich geht, braucht man manchmal mehr Anleitung, um sich zu konzentrieren oder sich glücklicher zu fühlen. Es ist hilfreich, sich daran zu gewöhnen, seine Rhythmen und seine geistige, körperliche und geistige Entwicklung zu bemerken und dann Anpassungen vorzunehmen. Diese Anpassungen können so groß sein, wie das Beenden eines unerfüllten Jobs oder so klein, dass man sich öfter bedankt. Meditation soll einem dabei helfen zu wissen, was man tun muss, um sein Leben zu bereichern.

Bevor man sich sofort in die Meditation stürzt, sollte man sich kurz hinsetzen und eine Selbstbeurteilung vornehmen. Fragen Sie sich Sachen, wie „Was fehlt in meinem Leben? Bin ich gestresst? Brauche ich Hilfe bei der Fokussierung auf Dinge? Gibt es Orte, an denen sich mein Körper unwohl und schwer anfühlt?“ Sie können diese Fragen auch aufschreiben und um Ihre eigenen Fragen erweitern. Die ehrlichen Antworten werden Ihnen helfen festzustellen, welchen Meditationsstil Sie ausprobieren sollten. Benutzen Sie dies nur als Leitfaden und denken Sie daran, dass Sie von jeder Meditation profitieren werden, vielleicht auf unerwartete Weise. Meditation ist immer für Sie da, egal was Sie brauchen.

Geführte Meditationen sind ideal, wenn Sie durch eine Erfahrung geführt werden möchten. Dies kann geschehen, indem man zu einem Präsenzkurs geht, einer Aufnahme zuhört oder jeder Art von mündlicher Anweisung folgt. Dieser Stil erfordert manchmal etwas Fantasie, die für manche Menschen natürlich ist. Hat man nicht allzu Fantasie, kann man es aber auch einfach nur spielen, man bekommt trotzdem das gleiche Ergebnis. Das Thema einer geführten Meditation kann sich auf das körperliche Wohlbefinden, die Manifestation, die Fülle usw. beziehen. Sie ist besonders geeignet für Anfänger und Menschen, dich sich schwer auf eine Sache konzentrieren können.

Die Liebes-Gefühl-Meditation hilft dabei die Wahrnehmung der Welt zu verändern. Sie verwendet Wörter, Bilder und Gefühle, um Qualitäten der Liebe und Freundlichkeit gegenüber sich selbst und anderen hervorzurufen. Die Forschung zu dieser speziellen Art der Meditation hat in den letzten Jahren eine Reihe von Vorteilen gezeigt, von der Verbesserung des allgemeinen Wohlbefindens über die Linderung von Krankheiten bis hin zur Erhöhung der sozialen Verbundenheit.

Meditation umfasst eine Vielzahl von Praktiken, darunter Essen, Gehen, Beobachten der Welt und noch die vertrautere Methode, in Stille zu sitzen. Achtsamkeit ist eine solche Meditationspraxis, die das Leben verändern kann. Mit ihren Wurzeln, die in der buddhistischen Tradition verwurzelt sind, ist Achtsamkeit eine ständige Lebenspraxis, die Ihnen hilft, alles zu akzeptieren, was ohne Beurteilung entsteht. Es geht darum, was im Moment vor sich geht und arbeitet daran, es sofort zu veröffentlichen. Man kultiviert die Praxis der Hingabe und Aufmerksamkeit auf das, was Ihnen hilft zu wachsen und sich in eine positive Richtung zu entwickeln. Es hilft den Stress zu verringern, sich auf sich zu konzentrieren und so eine bessere Selbstwahrnehmung zu bekommen. Mit den Worten des buddhistischen Mönchs Thich Nhat Hanh: "Achtsamkeit hilft dir, in die Gegenwart zurückzukehren. Und jedes Mal, wenn du dorthin gehst und einen Zustand des Glücks erkennst, den du hast, kommt das Glück."

Es gibt viele Möglichkeiten, Achtsamkeit zu üben, einschließlich der Tatsache, dass man sich den ganzen Tag über kurze Momente nimmt, um zu bemerken, wie man sich fühlt und was um einen herum vor sich geht. Um Ihnen den Einstieg zu erleichtern, kann Ihnen diese schnelle Meditationstechnik namens "S.T.O.P." helfen, mit stressigen Momenten umzugehen. Es erlaubt, innezuhalten, das Geschehen aufzunehmen und dann mit mehr Bewusstsein und Weisheit zu handeln. Hören Sie sofort auf mit dem, was Sie tun, atmen Sie tief durch und halten Sie inne. Beobachten Sie, was in Ihrem Geist, Körper und der äußeren Umgebung geschieht. Beachten Sie auch Ihre Emotionen. Gehen

Sie ab diesem Zeitpunkt vorsichtig vor und machen Sie einen Schritt nach dem anderen.

Die Mantra Meditation ist eine gängige und beliebte Praxis, die dazu neigt, strukturierter zu sein. Das Wort "Mantra" bedeutet Fahrzeug oder Instrument des Geistes und kann auf verschiedene Weise verwendet werden. Mantras können Klänge, Wörter oder Phrasen sein und werden oft schweigend für die Dauer einer Meditation wiederholt, was hilft, den Geist zu konzentrieren und als Vehikel dient, um höhere Bewusstseinszustände zu erreichen. Einige Mantras sollen Bedeutung haben, andere werden für ihre Klänge oder Schwingungen verwendet und haben absichtlich keine Bedeutung. Diese Art von Meditation dient zur Fokussierung, Stressreduktion und Klarheit.

Ein Mantra ist ein Gedanke, aber es ist ein Gedanke ohne Geschichte. Es wird in stiller Wiederholung verwendet, um den Geist fokussiert zu halten. Es ist besonders nützlich für neue Meditierende, die Schwierigkeiten haben, wirbelnde Gedanken und Ideen zu zähmen. Mantra Meditation ermöglicht Ihnen den Zugang zu stilleren Ebenen der Ruhe, die über das Denken hinausgehen. Es führt Sie auf eine innere Reise, anders als die Gedanken, die Sie auf eine äußere Reise bringt.

Versuchen Sie eine einfache Zwei-Minuten-Mantra-Meditation mit dem universellen Mantra, also summen Sie lose etwas, ohne jede Bedeutung. Schließen Sie die Augen, denken Sie das Mantra stumm. Atmen Sie ein und aus, wie es Ihnen passt. Wenn Ihre Gedanken abschweifen, versuchen Sie wieder auf das Mantra zurückzukommen. Nach zwei Minuten beenden Sie das Mantra und öffnen die Augen.

Haben sich Gedanken ergeben? Wahrscheinlich. Haben Sie die Gedanken bemerkt und kommen Sie sanft zum Mantra zurück? Vielleicht. Vielleicht fragen Sie sich immer noch, ob Sie es richtig gemacht haben?

Als Sie bemerkten, dass Sie einen Gedanken hatten oder abgelenkt wurden, was haben Sie getan? Höchstwahrscheinlich haben Sie, als Sie merkten, dass Sie an etwas anderes gedacht hatten, einfach den Song wieder aufgenommen, wo Sie aufgehört haben. Ist das etwa richtig?

Die Idee ist bei Mantra-Meditation die gleiche. Wenn Sie an einen Gedanken denken, nehmen Sie ihn zur Kenntnis und kehren Sie zur Meditation zurück. Das ist alles, was Sie tun müssen. Die Gedanken sind normal. Versuchen Sie nicht, sie zu erzwingen oder aufzuhalten, beachten Sie sie einfach. Mit der regelmäßigen täglichen Praxis werden die Vorteile der Meditation alle Aspekte Ihres Lebens bereichern.

Sie möchten Meditation zu einem Teil Ihres Lebens machen. Sie haben es vielleicht schon ein paar Mal versucht, aber in dem Moment, in dem Sie Ihre Augen, Gedanken, Geschichten und Ihr mentales Geräusch schließen, durchströmen Sie Ihre Gedanken. Was wie ein einfacher Prozess des inneren Friedens erscheint, fühlt sich eher an, als würde man mit Katzen kämpfen.

Sie sind nicht allein. Meditation kann anfangs schwierig sein, aber wenn Sie erst einmal verstanden haben, dass es nur zwei Dinge gibt, die Sie in der Meditation „falsch" machen können, werden Sie nie wieder an sich selbst zweifeln. Der Schlüssel zur Meditation ist, Gedanken zu bemerken und eine bewusste Entscheidung zu treffen, ihnen nicht zu folgen.

Denken Sie daran, ein Lied zu hören. Sie hören draußen eine Feuerwehrsirene, während Sie mitsingen. Für einen Sekundenbruchteil denken Sie: „Ich frage mich, was passiert ist?" Ihre Absicht ist es, ein Lied zu singen, aber Sie folgen trotzdem dem Gedankengang. „Ich frage mich was passiert ist. Ich hoffe, niemand wird verletzt. Ich sollte nach draußen gehen und nachsehen. Es ist wahrscheinlich in Ordnung. Ich muss einen Zahnarzttermin vereinbaren. Wann öffnet das Büro?" Die Gedanken gehen weiter. Als Nächstes wissen Sie, dass Sie eine Einkaufsliste erstellen oder sich fragen, ob Sie einen neuen Versicherungsplan suchen müssen. Der Geist springt natürlich von einer Sache zur anderen. In diesem Beispiel wanderte Ihre Aufmerksamkeit von dem Lied. Sie haben es erkannt und beschlossen, diese Denkweise weiter zu erkunden - obwohl Sie wussten, dass Sie gerade dabei waren, ein Lied zu singen. Als Ihr Verstand dem Gedankenstrom folgte, pausierten Sie das Lied.

Dies kann auch während der Meditation geschehen. Wenn Ihre Gedanken während der Meditation bewusst einem Pfad folgen, unterbrechen Sie die Vorteile. Sobald Sie dort weitermachen, wo Sie aufgehört haben, erhalten Sie die Leistungen einer Meditation. Bei einer Störung hört die Meditation auf. Sie haben Ihre gewünschte Absicht nicht erfüllt.

Nehmen wir an, Sie singen das Lied. Sie hören die Sirene. Ihre Gedanken schweifen wieder ab und Sie merken es nicht. Vielleicht vergehen mehrere Minuten. Dann der Gedanke: „Wann öffnet das Büro?“. Sobald Sie diesen Gedanken bemerken, holen Sie das Lied an der Stelle, an der Sie aufgehört haben, sanft zurück und singen weiter.

Diese beiden Beispiele unterscheiden sich aufgrund der Feststellung. Im zweiten Beispiel erhalten Sie 100% der meditativen Vorteile, denn sobald Sie den Gedanken bemerkt haben, kehrten Sie sanft zum Lied beziehungsweise zur Quelle der Meditation zurück. Wenn Sie Ihre Aufmerksamkeit wieder der Quelle der Meditation widmen, sobald Sie bemerken, dass Sie weggedriftet sind, dann meditieren Sie wieder, um die Vorteile zurückzuholen.

Atmung

Der Atem ist lebenswichtig. Es ist das Erste, was wir tun, wenn wir geboren werden und das Letzte, was wir tun, wenn wir gehen. Zwischenzeitlich nehmen wir etwa eine halbe Milliarde Atemzüge vor. Was wir vielleicht nicht erkennen, ist, dass Geist, Körper und Atem eng miteinander verbunden sind und sich gegenseitig beeinflussen können. Laut Ayurveda spiegeln sich Ihr Geist und Ihr Atem. Ein ruhiger Geist führt zu einem ruhigen Atemzug. Ein turbulenter Geist führt zu Atemstörungen. Dasselbe gilt für die Wirkung des Atems auf den gesamten Körper und umgekehrt. Wenn Sie also lernen, Ihren Atem zu regulieren, können Sie sowohl Ihren physischen als auch Ihren emotionalen Zustand beeinflussen. Unsere Atmung wird durch unsere Gedanken beeinflusst, und unsere Gedanken und Physiologie können durch unseren Atem beeinflusst werden. Das Erlernen der bewussten und bewussten Atmung kann ein wertvolles Werkzeug sein, um das Gleichgewicht in Geist und Körper wiederherzustellen.

Forscher haben die Vorteile einer regelmäßigen Praxis der einfachen, tiefen Atmung schon mehrmals festgestellt. Es reduziert Angst, Stress, Depressionen, stabilisiert den Blutdruck und erhöht die Vitalität.

Sie neigen dazu, viel Zeit mit den Gedanken über die Vergangenheit oder Zukunft zu verbringen? Aber was ist mit dem Jetzt? Ignorieren Sie nicht die Gegenwart, denn über die haben Sie Kontrolle, über die Vergangenheit oder Zukunft nicht. Was Sie heute tun, wirkt sich auf morgen aus. Die Praxis einer Atemmeditation kann Ihnen helfen, den Fokus wieder in den gegenwärtigen Moment zu bringen, damit Sie bewusstere Entscheidungen treffen können. Die Vorteile sind oft sofort spürbar, wenn die Verbindung zwischen Geist und Körper hergestellt wird. Wenn sich der Geist beruhigt, beruhigt sich auch der Körper und umgekehrt. Eine Atemmeditation oder -praxis kann Ihnen helfen, zu verstehen und zu schätzen, wie Sie Ihr eigenes körperliches und geistiges Wohlbefinden beeinflussen können. Es reduziert den Stress, bringt Sie wieder auf die Erde und revitalisiert Körper und Geist.

Atmen kann auch spirituell sein. Dabei können Sie sich über den Körper und Geist hinausbewegen und sich mit Ihrem Selbst verbinden. Mit anderen Worten, Sie können Ihr Ego entfernen und sich mit Ihrem wahren Selbst und dem Universum verbinden. Viele Menschen, die Atemübungen regelmäßig praktizieren, erleben spirituelle Erweckungen oder Abstimmungen auf ihr inneres Wesen.

Es gibt viele Tiefatmungstechniken, die unterschiedlich positive Auswirkungen auf Körper und Geist haben können. Die Grundlage für alle Praktiken der tiefen Atmung bildet die Wissenschaft des Yoga, insbesondere der als Pranayama bekannte Zweig des Yoga. Das Wort Pranayama leitet sich von zwei Sanskrit-Wörtern ab: Prana (Lebenskraft) und Yama (Kontrolle). Durch die Kontrolle des Atems kannst du jeden Aspekt deines Lebens beeinflussen. Sie können sich selbst trainieren, um auf eine Weise zu atmen, die einen positiven Einfluss auf Ihre Gesundheit hat. Nun werden Ihnen ein paar der Atemtechniken vorgestellt.

Eine Atemübung, die sehr beruhigend sein kann, heißt *Nadi Shodhana*. Diese können Sie überall und jederzeit durchführen, sobald Sie Stress verspüren. Nadi Shodhana ist eine einfache, aber kraftvolle Technik, die Geist, Körper und Emotionen beruhigt. Es gibt mehrere verschiedene Stile von Nadi Shodhana, aber sie alle dienen dem Zweck, das Gleichgewicht zu schaffen und den Luftstrom durch Ihre Nasengänge zu regulieren. Tatsächlich bedeutet der Begriff Nadi Shodhana "Reinigung der Zirkulationskanäle". Aber es reinigt nicht nur Ihre Nase, sondern ist eine Art „Reset-Knopf“ für Ihren psychischen Zustand.

Setzen Sie sich auf einen bequemen und hohen Stuhl. Stellen Sie sicher, dass die Wirbelsäule dabei gerade ist. Entspannen Sie Ihre linke Handfläche bequem in Ihrem Schoß und bringen Sie Ihre rechte Hand direkt vor Ihr Gesicht. Bringen Sie mit der rechten Hand Ihren Zeigefinger und Mittelfinger zwischen den Augenbrauen zur Ruhe und verwenden Sie sie leicht als Anker. Die Finger, die wir aktiv benutzen werden, sind Daumen und Ringfinger. Schließen Sie die Augen und atmen Sie tief durch die Nase ein und aus. Schließen Sie Ihr rechtes Nasenloch mit dem rechten Daumen. Atmen Sie langsam und gleichmäßig durch das linke Nasenloch ein. Schließen Sie das linke Nasenloch mit dem

Ringfinger, so dass beide Nasenlöcher geschlossen gehalten werden, halten Sie Ihren Atem für eine kurze Pause an. Öffnen Sie Ihr rechtes Nasenloch und lassen den Atem langsam durch die rechte Seite los, halten Sie kurz am Ende des Ausatmens an. Atmen Sie langsam durch die rechte Seite ein. Halten Sie beide Nasenlöcher mit Ringfinger und Daumen geschlossen. Öffnen Sie das linke Nasenloch und lassen Sie langsam den Atem durch die linke Seite los. Wiederholen Sie diesen Zyklus 5-10 Mal.

Wenn Sie sich langsam durch die Sequenz bewegen, sollte ein Zyklus etwa 30-40 Sekunden dauern. Führen Sie 5-10 Zyklen durch, wenn Sie sich gestresst, ängstlich oder nervös sind.

Bei der vollständigen Bauchatmung befindet sich eine Hand auf dem Bauch und Ihre Bauchmuskeln sind vollständig entspannt. Atmen Sie langsam durch die Nase ein und bringen Sie Luft in den Lungenboden. Sie sollten fühlen, wie der Bauch sich hebt. Dadurch werden die unteren Teile der Lunge erweitert. Atmen Sie weiter ein, während sich Ihr Brustkorb nach außen ausdehnt, und schließlich steigen die Schlüsselbeine. Halten Sie am Höhepunkt der Einatmung einen Moment inne, dann atmen Sie sanft von der Oberseite der Lunge nach unten aus. Am Ende der Ausatmung ziehen Sie Ihre Bauchmuskeln leicht zusammen, um die restliche Luft aus dem Lungenboden zu drücken.

Der Atem des Ozeans wird Sie beruhigen, wenn Sie wütend, gereizt oder frustriert sind. Nehmen Sie eine Inhalation, die etwas tiefer als normal ist. Atmen Sie mit geschlossenem Mund durch die Nase aus, während Sie Ihre Halsmuskeln verengen. Machen Sie nun ein ähnliches Geräusch wie „haaaah“ bei geschlossenem Mund und spüren Sie den Luftstrom durch Ihre Nasengänge. Wenn Sie das richtig machen, sollten Sie wie Wellen auf dem Meer klingen. Sobald Sie dies beim Ausatmen gemeistert haben, verwenden Sie die gleiche Methode für den einströmenden Atemzug und verengen Sie sanft Ihren Hals, während Sie einatmen.

Die energetisierende Atmung sorgt, wie der Name schon sagt, für einen sofortigen Energieschub und belebt den Geist. Beginnen Sie, indem Sie Ihre Schultern entspannen und ein paar tiefe, volle Atemzüge aus Ihrem Bauch machen. Beginnen Sie nun mit dem kräftigen Ausatmen durch die Nase, gefolgt von kräftigen, tiefen Einatmen mit einer Sekunde pro Zyklus. Ihre Atmung erfolgt vollständig über Ihr Zwerchfell und hält Kopf, Nacken, Schultern und Brust relativ ruhig, während sich Ihr Bauch ein- und auszieht. Beginnen Sie mit einer Runde von zehn Atemzügen, dann atmen Sie natürlich und bemerken Sie die Empfindungen in Ihrem Körper. Nach 15 bis 30 Sekunden beginnt die nächste Runde mit 20 Atemzügen. Schließlich, nach weiteren 30 Sekunden, absolvieren Sie eine dritte Runde von 30 Atemzügen. Anfängern wird empfohlen, zwischen den Runden eine Pause einzulegen.

Obwohl diese Atmung eine sichere Praxis ist, achten Sie während des Prozesses auf Ihren Körper. Wenn Sie sich benommen oder sehr unangenehm fühlen, halten Sie einige Augenblicke inne, bevor Sie auf eine weniger intensive Weise fortfahren. Praktizieren Sie es nicht, wenn Sie schwanger sind oder unkontrollierten Bluthochdruck, Epilepsie, Panikstörungen, Leistenbruch, Magengeschwür, Glaukom oder Schwindel haben. Seien Sie vorsichtig, wenn eine Lungenerkrankung vorliegt.

Yoga

Yoga ist eine Form der aktiven Meditation, die Körperbewegungen mit Atem und Geist verbindet. Es gibt viele verschiedene Arten der Yogameditation und Yoga-Klassen werden in Einzel-, Klein- und Großgruppen angeboten. Yoga lässt uns wieder entdecken, wer wir sind und lässt uns zu einem Leben voller Freude, Glückseligkeit und Freiheit zurückkehren.

Das Wort "Yoga" kommt aus dem Sanskrit-Wort yuj, das in "Joking" oder "Union" übersetzt werden kann. Wenn ein Yogalehrer in der Ausbildung die Essenz dieses Wortes erlernt, wird ihm oft beigebracht, dass wir im Yoga die Vereinigung von Geist, Körper, Seele und Geist feiern. Was oft ausgelassen wird, ist der Grund, warum es in unserem Interesse ist, dies zu erreichen.

Laut Vedanta begann alles mit Purusha, dem reinen Wesen. Man kann Purusha auch als göttliche Essenz, Zustand der Vollkommenheit oder unendliche Liebe sehen. Bei Purusha gibt es kein Leiden, weil es nichts Materielles und damit keine Dichotomie gibt. Wenn Purusha erschafft, wird diese Schöpfung als Prakruti bekannt. Alles, was wir wissen und verstehen, ist prakrutiziert. Da wir jedoch Teil von Prakruti sind, vergessen wir dann, dass unsere Essenz selbst Purusha ist. Der Prozess des "Erinnerns" wird die Evolution des Bewusstseins gefunden. Wenn wir also alle Teile von uns selbst sammeln - Geist, Körper, Seele, Geist, Emotionen - sind wir eher geneigt, uns daran zu erinnern, dass wir aus reinem Bewusstsein kommen. Weil wir Prakruti sind, leiden wir. Unsere Wünsche, Bedürfnisse, Erwartungen und Vergesslichkeit lassen uns leiden. Um dieses Leiden zu überwinden und glücklich und rein zu werden, wird Yoga praktiziert.

Die Yoga-Sutras wurden von einem Mann namens Patanjali verfasst. Über ihn ist jedoch nicht viel bekannt, außer dass er vermutlich Inder war und irgendwo zwischen dem zweiten und vierten Jahrhundert v. Chr. lebte. Zu dieser Zeit wurde der größte Teil des Unterrichts mündlich erteilt und die Schüler lernten durch Sutras. Das Wort Sutra kommt aus der gleichen Abstammung wie der medizinische Begriff Naht, was bedeutet, dass man sich verbinden oder zusammenhalten muss. Wenn der Lehrer ein

Stück Wissen erläuterte, erhielt der Schüler einen kurzen Satz, der ihn später an den größeren Materialumfang erinnern sollte. Sankhya ist eines der alten indischen Systeme der Philosophie. Es ist ein theoretisches Verständnis, das besagt, dass Wissen der Weg zur Erleuchtung ist. Patanjalis großes Geschenk an die Welt war, dass er diese tiefgründige - und doch rein intellektuelle - Philosophie aufnahm und in einer Form präsentierte, der der durchschnittliche spirituelle Suchende folgen und sie nutzen konnte.

Die Yoga-Sutras enthalten 196 Sutras, aufgeteilt in vier Kapitel, die die Ziele und die Praxis des Yoga, die Entwicklung der yogischen Kräfte und schließlich die Befreiung diskutieren. Wie eine sanft geführte Hand warnen die Yoga-Sutras vor den Fallstricken auf deiner spirituellen Reise und bieten die Möglichkeit, sie zu überwinden. Während es in jedem Sutra eine Lehre gibt, besteht die Herausforderung nun darin, dass man sich, selbst wenn man die Sutras kennt, nie sicher sein kann, was die größere Bedeutung betrifft. Wir können nicht genau wissen, was Patanjali uns sagen wollte. Seine Yoga-Sutras wurden im Laufe der Jahre von vielen Menschen übersetzt und kommentiert.

Aber wo kann man anfangen? Es scheint, als gäbe es so viele Arten von Yoga, wie es Blätter an einem Baum gibt. Je nach Stadt, in der Sie leben, kann es an jeder Ecke ein Yogastudio geben. Und wie sieht es mit Videos oder Anleitungen im Internet aus? Wie schränkt man die Suche ein? Während die Popularität des Yoga sicherlich ein Segen ist, kann es sich auch wie ein Fluch anfühlen - ein überwältigendes Gefühl von Optionen, das einen dazu bringt, sich gelähmt statt ermächtigt zu fühlen. Um das zu finden, was für einen persönlich das Beste ist, sollte man erst einmal die Grundlagen kennen.

Die vier Wege des Yoga

Ayurveda predigt, dass jeder Mensch unterschiedliche Persönlichkeiten und Vorlieben hat. Da ist es schwer etwas Einheitliches zu finden. Doch Yoga bietet vier Wege oder eine Reihe von spirituellen Praktiken, um uns zu helfen, das Ziel des Friedens und der Erleuchtung zu erreichen. Im Leben können wir handeln, wir können denken, wir können fühlen, oder wir können nichts tun. Zu handeln ist Karma Yoga, zu denken ist Gyana Yoga, zu fühlen ist Bhakti Yoga und nichts zu tun ist Samadhi - der letzte Schritt des Raja Yoga und Ziel allen Yoga. Auch wenn diese vier Wege unterschiedlich erscheinen, gibt es doch eigentlich nur ein Yoga, eine Vereinigung. Wir mögen uns zu einem Weg mehr hingezogen fühlen als zu den anderen, aber sie ergänzen sich gegenseitig. Wie das Sprichwort sagt: "Alle Wege führen nach Rom", also führen alle Wege zur Erleuchtung.

Bhakti Yoga

In den vier Pfaden der vedischen Tradition zur Erleuchtung ist Bhakti der Weg der Liebe und Hingabe. Bhakti ist der Weg der Liebe, der Eifersucht, Hass, Lust, Wut, Egoismus, Stolz und Arroganz beseitigt. Es ersetzt diese negativen Gefühle durch Freude, göttliche Ekstase, Glückseligkeit, Frieden und Weisheit. In seinen Yoga-Sutras sagt Patanjali, dass Hingabe, der wichtigste Punkt der persönlichen Verhaltenskodizes ist. Die Veden sagen, dass Hingabe das Ego demütigt und ein wesentlicher Aspekt der Reise ist. Nehmen Sie sich jeden Tag Zeit für die Betrachtung des Göttlichen und das Selbst. Erkennen Sie das Leben als spirituell an und entwickeln Sie Ihre feineren Gefühlsebenen, um so endlosen Frieden zu erleben. Es soll die Hingabe und Liebe an das Göttliche darstellen, doch zunächst kann es ein Guru, die Familie, ein Freund oder etwas anderes sein, zu dem man eine starke emotionale Bindung hat. Aber bedenken Sie, dass eine Verbindung auch oft Trennung bedeutet. Bhakti bedeutet in sich selbst verliebt zu sein. Der Schwerpunkt liegt auf dem Göttlichen, aber das Göttliche Selbst in jeder Person.

In der heutigen Welt mit so viel Chaos und Verwirrung wird gesagt, dass Bhakti der einfachste der Wege ist. Es kann von jedermann praktiziert werden, unabhängig von geistigen oder körperlichen Fähigkeiten, und beinhaltet keine umfangreichen yogischen Praktiken.

Denn wenn man dem Göttlichen alles gibt, hat man nichts mehr, worüber man sich Sorgen machen muss.

Karma Yoga

Karma bedeutet "Aktion" und Karma Yoga führt Aktion ohne Bindung an das Ergebnis durch. Es ist der Weg des selbstlosen Dienstes (Seva). Man sollte aufhören, sich mit dem Ego zu identifizieren und jede Handlung wird als ein Angebot an das Göttliche angesehen. Das Herz wird gereinigt, so dass Egoismus, Hass, Eifersucht, Eifersucht, Egoismus und ähnliche negative Eigenschaften verschwinden und Raum für Demut, reine Liebe, Sympathie, Toleranz und Mitgefühl schaffen.

Karma Yoga ist "das Richtige tun", der Prozess der Vollkommenheit in Aktion. Es bedeutet, dem wahren Zweck zu folgen und zu akzeptieren, was auch immer kommt, ohne Erwartung von Bezahlung, Dank oder Anerkennung.

Gyana Yoga

Gyana Yoga ist der Weg des Wissens oder besser gesagt, der Weisheit. Gyana ist das Studium der alten Texte und Lehren der Großen Meister, aber, was noch wichtiger ist, es ist das Studium des eigenen Selbst. Es ist das Mittel zur Erleuchtung durch den Prozess der Vernunft durch Studium und Selbstbefragung. Es ist der Prozess der Unterscheidung zwischen dem, was real ist und dem, was nicht real ist, was wahr und unwahr ist.

Es wird gesagt, dass es der schwierigste Weg ist, weil es den Verstand und den Intellekt benutzt, um über sich selbst hinauszugehen, um endlich zu erkennen, dass man eins mit dem Göttlichen ist. Die Upanishaden nennen es den "Rasiermesserrand", wo das Ego immer versucht, uns umzubringen. Es erfordert eine große Charakterstärke, Willenskraft und Intellekt.

Raja Yoga

Raja Yoga bedeutet der "Königliche Weg". So wie ein König die Kontrolle über sein Königreich behält, müssen auch Sie die Kontrolle über Ihr eigenes "Königreich" behalten: das riesige Gebiet des Geistes. Es ist der Weg der Meditation, der Mantras und Techniken. Das Grundthema des Raja Yoga ist, dass die Wahrnehmung des Göttlichen Selbst durch die Störungen des Geistes verdeckt wird. Wenn Körper und Geist ruhig und rein gemacht werden können, wird das Selbst sofort leuchten.

Raja Yoga ist der von den Westlern am meisten bevorzugte Weg, weil es von fast jedem praktiziert werden kann, der keinen Glauben oder besonderen Glauben benötigt. Raja Yoga besagt, nur das zu glauben, was man durch direkte Erfahrung für sich selbst herausfindet.

Acht Gliedmaßen des Yoga

Die Praxis der Acht Glieder des Yoga wird als praktizierendes Raja Yoga bezeichnet.

Der Yogi Patanjali war einer der Ersten, der die Texte der Veden niederschrieb, wobei er natürlich auch seine eigenen Ideen und Vorstellungen hinterlegte. Und so schuf er die acht Glieder des Yoga als Vorlage, um uns zu helfen, die Grenzen unseres Egos zu überschreiten und zur Selbstverwirklichung zu gelangen.

Das Wort Sutra bedeutet "fädeln oder weben", so wie das englische Wort suture "zusammennähen" bedeutet. Die Sutras (oder Schriften) von Patanjali sind in vier Abschnitte oder Padas unterteilt. Die Praxis des Yoga kommt aus dem zweiten Abschnitt, der Sadhana Pada genannt wird. Ashtanga bedeutet "acht" und bezieht sich auf Patanjalis acht Gliedmaßen oder Zweige des Yoga. Jeder Zweig, wenn er praktiziert wird, ist so konzipiert, dass er dem Praktizierenden hilft, ein disziplinierteres Leben zu führen, mit dem Ziel, Leiden zu lindern. Diese Zweige sind nicht für den sequentiellen Zugriff vorgesehen. Jeder von ihnen soll als ein anderer Zugangspunkt zu einer weitreichenderen Facette unserer Kernnatur dienen.

Die Praxis der acht Glieder des Yoga spiegelt eine Art Karte wider, die uns von Patanjali gegeben wurde, um uns von den Grenzen der sozialen Konditionierung, des kollektiven Egos und des persönlichen Egos zu befreien. Ständige Disziplin und tägliche Praxis helfen jedem von uns, aufzustehen und die alten Muster und Gewohnheiten zu durchbrechen. Obwohl wir in diesem Leben vielleicht keinen Samadhi erreichen, sind wir sicherlich besser dran und haben uns als Menschen weiterentwickelt, wenn wir die acht Gliedmaßen praktizieren. Sie werden scheitern, in alte Muster zurückkehren und vergessen, was Sie gelernt haben. Das ist unvermeidlich und passiert jedem. Doch denken Sie immer an Ihre eigene Göttlichkeit und das es eine Reise ist. Versuchen Sie sich immer wieder mit Mitgefühl, Liebe, Verständnis und Vergebung zu beschäftigen, dann sind Sie schon ein besserer Mensch als vorher.

Die *Yamas* sind Regeln des moralischen Codes und beinhalten *ahimsa* (Gewaltlosigkeit oder Nichtverletzung), *satya*

(Wahrhaftigkeit), *asteya* (Nichtdiebstahl), *bramacharya* (sexuelle Zurückhaltung, wobei nicht das Zölibat gemeint ist) und *aparigraha* (Nicht-Besitz). Diese Regeln sind Leitlinien dafür, wie man am besten im Leben auftritt und achtsame Wege, wie man mit anderen und der Gesellschaft umgehen kann. Sie sollten jeden Tag befolgt werden, obwohl sie nicht von uns Perfektion verlangen. Sie sollen nur unsere Moral unterstützen und unser Selbst fördern. Gehen wir mit gutem Beispiel voran.

Die *Niyamas* sind Regeln des persönlichen Verhaltens, einschließlich *Saucha* (Reinheit), *Santosha* (Zufriedenheit), *Tapas* (Disziplin oder Strenge), *Svadhyaya* (spirituelle Studien) und *Ishvara Pranidhana* (ständige Hingabe an Gott). Es sind persönliche Verhaltensregeln, die Ihnen helfen, ein ausgeglicheneres Leben zu führen. Jedes Verhalten repräsentiert die Eigenschaften, die sich auf natürliche Weise in der menschlichen Persönlichkeit ausdrücken. Stärken Sie Ihr persönliches Verhalten heute, indem Sie ein tägliches Tagebuch über jeden der Niyamas führen und dokumentieren, wie Sie sich in ihnen verhalten haben. Diese Praxis wird helfen, sich seiner Gedanken, Worte und Taten bewusst zu werden und ermöglichen, alle notwendigen Kurskorrekturen vorzunehmen. Dies ist kein Wettbewerb zwischen Ihnen und der Gesellschaft. Die Niyamas laden uns ein, darüber nachzudenken, wie wir unser Leben leben, wenn niemand sonst aufpasst.

Asana bezieht sich auf Yogastellungen, aber in Patanjalis anfänglicher Praxis bezog es sich auf das Meistern des Körpers, um für die Meditation stillzusitzen. Die Praxis der Yoga-Asanas kam etwa acht Jahrhunderte später, was den Schülern half, ihren Körper für die Meditation vorzubereiten.

Pranayama sind Yoga-Atmungstechniken, die entwickelt wurden, um Prana oder die Lebenskraft zu kontrollieren. Auf diese wird im Kapitel „Atmung“ eingegangen.

Das fünfte Glied des Yoga, *Pratyahara*, kommt von zwei Sanskrit-Wörtern, prati bedeutet "gegen" oder "weg" und ahara, was "Nahrung" bedeutet. In diesem Fall können wir Ahara als alle Reize bezeichnen, die wir aufnehmen und einnehmen. Die Essenz von Pratyahara ist "Rückzug der Sinne" oder bewusstes Filtern dessen, was wir in unserer äußeren Welt erleben. Das heißt, man soll versuchen zu kontrollieren, was von den äußerlichen Eindrücken bis hin zu unserer Innenwelt vordringt. Man soll lernen, unnötige und störende Faktoren auszublenden und sich auf die positiven Dinge in der Umgebung zu konzentrieren. Das bedeutet nicht, dass man sich vor den Außenwelt verschließen soll, sondern eher das man negativen Dingen weniger Beachtung schenkt und beiseite schiebt und man sich auf positive Erfahrungen konzentrieren soll. Einige schlimme Erlebnisse lassen sich nicht vermeiden, aber versuchen Sie gemeine Kommentare oder reine Panikmacherei zu ignorieren. Ändern Sie Ihre Umgebung, um Pratyahara vollziehen zu können. Schalten Sie bei gewalttätigen Szenen im Fernsehen weg, wechseln Sie bei Werbung den Sender, lesen Sie auch positive Nachrichten, umarmen Sie Ihre Freunde und Familie, genießen Sie die Sonne und gönnen Sie sich etwas Schönes.

Dharana ist das sechste Glied des Yoga und die Essenz bedeutet "einseitige Aufmerksamkeit" und lehrt uns, wie wir unsere Aufmerksamkeit auf den gegenwärtigen Moment richten können. Es soll unsere Fähigkeit zur Konzentration steigern und uns helfen, im Hier und Jetzt zu leben. Die Erreichung Ihrer Traumziele erfordert eine lasergenaue Fokussierung. Das bedeutet, dass der Lichtstrahl nur auf eine Aktivität gerichtet ist. Versuchen Sie nur eine Sache zurzeit zu machen mit Ihrem vollen Bewusstsein. Schließen Sie alles andere um sich herum aus, hören Sie keine Musik nebenbei, schalten Sie Ihr Handy auf lautlos und schließen Sie die Tür. Visualisierungen und Mantras sind tatkräftige Helfer bei der Fokussierung. Das Ego ist der Meister der Ablenkung. Betrachten Sie das Ego als ein zweijähriges Kind, das nach Aufmerksamkeit strebt. Das Ego wird dir Geschichten erzählen wie: „Ich kann mich nicht konzentrieren; meine Aufgabenliste ist zu lang. Meine Kinder brauchen mich. Die Hausarbeit muss erledigt werden." Bei Dharana geht es darum, sich ganz auf den gegenwärtigen Moment zu konzentrieren. Ansonsten gibt es kein Gefühl der Anwesenheit und auch keine wirkliche Verbindung.

Dhyana ist die Praxis der Meditation, die im Kapitel „Meditation" genau erklärt wird.

Samadhi verschmilzt mit dem Göttlichen. Das Wort Samadhi bedeutet wörtlich "Zusammenfügen" und wird oft mit "Integration" oder "Absorption" übersetzt. Das achte Glied ist die Praxis des gesamten Programms (die anderen sieben Gliedmaßen) sowie die endgültige Erlangung des Seins. Die Befreiung von Ängsten, Abneigung und Urteil kommt von der Überwindung der Grenzen des Ichs. Sie sind vollständig in den gegenwärtigen Moment vertieft, zu jeder Zeit, während Sie gleichzeitig in völligem Bewusstsein bleiben. Das ist ein reiner Zustand des Seins. Während man durch seine täglichen Aufgaben geht, sieht man nicht mehr in die Vergangenheit oder in die Zukunft. Sie sind in die Freude an jedem Moment als heiliger Akt vertieft.

Samadhi bringt die Freiheit vom Kreislauf des Karmas, der das Ergebnis endloser Wünsche (Vasanas) und Erinnerungen (Sanskaras) ist. Das bedeutet, dass man immer noch Wünsche hast, wie z.B. die Kinder zu umarmen oder Essen zu essen, aber man wird kein Gefangener des melodramatischen Zyklus sein, den das Karma bringt. Da sich das Ego ständig mit dem beschäftigt, was "ich" und "mein" ist, weiß das höhere Selbst, dass es nie an etwas mangelt, weil es keine Trennung gibt. Deshalb lässt alle Angst nach, und was übrig bleibt, ist reine Liebe. Wie ein flatternder Schmetterling ist Samadhi für diejenigen, die ihn direkt suchen, schwer fassbar. Doch diese ewige Glückseligkeit ist etwas, das wir alle suchen.

Hatha Yoga

Viele Menschen verstehen unter Yoga nur einige zusammengewürfelte Körperbewegungen. Doch wie Sie jetzt hoffentlich gelernt haben, beinhaltet Yoga noch so viel mehr. Natürlich sind die Körperübungen ebenso ein wesentlicher Bestandteil, wie Atemübungen und Meditation. Und daher wollen wir sie hier nicht außen vor lassen. Sie sollen sich nur bewusst sein, dass die Körperübungen jedoch nur ein kleiner Part vom traditionellen Yoga sind und wenn Sie ein langes, gesundes und glückliches Leben führen wollen, sollten Sie alle acht Glieder des Yoga und den ayurvedischen Ratschlägen folgen.

Raja Yoga beinhaltet Hatha Yoga als eine der acht Gliedmaßen. Aber um hier spezifischer zu sein, stelle ich Ihnen die gängigsten Stile des Hatha Yoga vor, die im Westen vorrangig praktiziert werden. Im Allgemeinen, wenn Sie die Qualifikation "Hatha" Yoga hören, ist es die Identifizierung der Art als der körperliche Ausdruck des Yoga, im Gegensatz zu den anderen oben genannten Stilen.

Während "Hatha Yoga" den Weg des Yoga unterscheidet, der darin besteht, den Körper mit dem Bewusstsein des Atems zu bewegen, existiert es auch als ein allgemeiner Yogastil, der vielleicht der einfachste ist. Eine traditionelle Hatha-Yoga-Klasse wird höchstwahrscheinlich eine Reihe von Asanas (Yogahaltungen) beinhalten, die nacheinander gemacht werden, ohne viel Aufmerksamkeit auf die Übergänge zwischen ihnen zu richten. Sie können erwarten, dass Sie Posen für jeweils etwa fünf Atemzüge halten, was es für die meisten Schüler zu einer ziemlich zugänglichen Praxis macht. Im Hatha Yoga kann es mehrere Ebenen geben.

Ein sehr beliebter Yogastil ist Vinyasa, was so viel bedeutet wie "auf eine besondere Weise platzieren". Häufiger wird das Wort jedoch mit "Atem zur Bewegung" übersetzt, da es sich mit dem Ein- und Ausatmen in und aus den Körperhaltungen bewegt. Sonnengrüße werden in Vinyasa-Klassen praktiziert, normalerweise gefolgt von Variationen ähnlicher Sequenzen, die das Fließen zwischen den Posen betonen, anstatt wie in einer Hatha-Klasse einfach zu starten und zu stoppen.

Ashtanga ist eine dynamische Form des Hatha-Yoga, die sehr intensiv ist, wie sie sich von der Haltung zur Haltung bewegt. Vinyasa Flow ist eigentlich eine moderne Ableitung des Ashtanga Yoga, das eine Reihe von Haltungen ist, die immer wieder wiederholt werden. Während Sie in jeder Vinyasa-Klasse unterschiedliche Klassenfolgen erwarten können, werden Sie bei jeder Ashtanga-Übung die gleiche Sequenz von Posen üben. Aufgrund ihrer körperlich anstrengenden Natur werden von Ashtanga inspirierte Hybrid-Klassen oft als Power-Yoga-Klassen bezeichnet.

Iyengar Yoga ist extrem ausrichtungsorientiert. Benannt nach dem weltbekannten Lehrer BKS Iyengar, konzentriert sich dieser Stil auf die präzise Ausführung der Yogahaltungen und verwendet Requisiten, wie Blöcke, Gurte und Decken, die Ihnen helfen, Ihre optimale Positionierung zu finden. Einige Leute finden diesen Stil einschüchternd, weil echte Iyengar-Lehrer sich oft wie Drill-Sergeants aufführen können, wenn sie eine sehr spezifische Einhaltung der Iyengar-Richtlinien verlangen.

Eine freudigere und umfassendere Ableitung des Iyengar-Yoga ist Anusara Yoga, das die Ausrichtung und die herzzentrierten Bewegungen betont. Basierend auf der tantrischen Philosophie fördert dieser Stil die Bewegung des Körpers als Feier unserer wahren Natur. Anusara wird manchmal als ein "spirituellerer" Stil des Hatha-Yoga angesehen als einige der anderen, und der Unterricht beinhaltet normalerweise Chanten, Philosophie, Geschichtenerzählen und eine Bewegungsqualität, die "mit Gnade fließen" genannt wird.

Bikram Yoga, oder besser bekannt als "Hot Yoga", wird in einem Raum unterrichtet, der bei etwa 40°C gehalten wird. Bikram hat nur eine Serie von 26 Posen und ist sehr intensiv. Planen Sie ein stark zu schwitzen und versuchen Sie diesen Stil nur, wenn Sie frei von Verletzungen und körperlichen Einschränkungen sind.

Wenn du jemals Yogis gesehen hast, die alle weißen Outfits und Turbane tragen, sind sie wahrscheinlich Kundalini-Praktizierende, die den Lehren von Yogi Bhajan folgen, der seine Praxis 1968 in den Westen brachte. Menschen, die Kundalini praktizieren, singen oft Silben oder Mantras, führen spezifische Atemtechniken und wiederholte und belebende Bewegungen mit bis zu 108 Wiederholungen durch. Lassen Sie sich jedoch nicht einschüchtern, denn Kundalini Yoga ist eine sehr einladende Praxis und soll seine Schüler durch Transformation unterstützen.

Eine moderne und sehr entspannende Form des Yoga ist Restorative Yoga, das Requisiten (wie Kissen und Decken) verwendet, um den Körper in sitzender und liegender Haltung zu unterstützen. Der Zweck ist es, sich vollständig in den Stützen zu entspannen, damit Sie sich auf Ihren Atem konzentrieren und Ihren Stress abbauen können. Dies ist eine sehr zugängliche Praxis für Menschen mit körperlichen Einschränkungen, die sich von einem rasanten Lebensstil erholen wollen.

Ein weiterer Stil, der immer beliebter wird, ist Yin Yoga - ein Stil, der längere und passivere Griffe betont. Der Unterschied zu Yin besteht darin, dass es auf das Bindegewebe und nicht auf die Muskeln und Knochen abzielt. Viele Menschen finden diesen Stil sehr entspannend und therapeutisch, aber diejenigen mit einem aktiveren Geist empfinden die längeren Ruhephasen als Herausforderung. Sie können erwarten, dass Sie sitzende, kniende und liegende Posen für jeweils 3-5 Minuten halten.

Es gibt natürlich noch andere Yoga-Stile, doch das waren die Geläufigsten. Wenn Sie Anfänger sind und vielleicht auch nicht so sportlich, fangen Sie mit einem allgemeinen Yoga-Stil an, geführt von einem professionellen Yoga-Lehrer oder Lehrerin. Erst wenn Sie gelernt haben, einige Körperübungen mit den gleichzeitigen Atemübungen auszuführen, sollten Sie zu schwierigeren Stilen wechseln.

5 Koshas

Yoga bietet viele Modelle, die Ihren Blick auf die menschliche Erfahrung erweitern. Eines davon ist das Kosha-System, das in der Taittirīya Upaniṣad vorgestellt wird. Dieses vendantische Modell stellt den menschlichen Organismus so dar, dass er fünf Koshas oder Bewusstseinsebenen enthält, von den dichtesten bis zu den subtilsten Elementen der Existenz. Obwohl jeder aus allen fünf Schichten besteht, erlebt nicht jeder Mensch jede Ebene. Diese 5 Koshas sollen Ihnen helfen eine körperliche Yoga-Übung besser zu verstehen und zu visualisieren zu können.

Stellen Sie sich den menschlichen Körper wie einen Satz von fünf russischen Puppen, Matrjoschkas, vor. Bei den meisten Menschen bleibt jede Schachtelpuppe für sich und meistens bleibt man schon bei der äußersten Schicht hängen. Praktiziert man aber bewusst und ganzheitlich Yoga öffnet man eine Puppe nach der anderen, bis man zur Innersten vorgedrungen ist, der Glückseligkeit.

Annamaya Kosha, die Physikalische Schicht ist die erste Bewusstseinsebene, bestehend aus dem physischen Körper (oder der Nahrung). Es umfasst Muskeln, Knochen, Bindegewebe, Organe, Fett und Haut.

Pranamaya Kosha ist die energetische Schicht. Die zweite Erfahrungsebene besteht aus subtiler Körperenergie oder Elementen, die mit bloßem Auge nicht zu sehen sind. Atem und Prana (Lebensenergie) sind Teil dieser Schicht.

Die mentale und emotionale Schicht, *Manomaya Kosha*, beschäftigt sich mit Gedanken und Emotionen. Die meisten Menschen operieren nur bewusst in diesen ersten drei Schichten.

Die vierte Schicht *Vijnanamaya Kosha* besteht aus Intuition und Weisheit. Darin liegt die Fähigkeit, sich mit höherem Wissen zu verbinden, intuitiven Impulsen zu folgen und das größere Bild jenseits der Logik zu sehen.

Schließlich ist die fünfte Schicht der ruhige Ort des Friedens, der Liebe und der Freude, der kein Gegenteil hat - direkt im Zentrum

Ihres Wesens. Wenn Sie vom *Anandamaya Kosha* aus operieren, erleben Sie unter allen Wesen ein Gefühl der Präsenz und Einheit.

Wenn Sie sich daran erinnern, dass der Begriff „Yoga" oft mit „Vereinigung" übersetzt wird, können Sie sich an Ihre Yoga-Praxis mit dem Wunsch wenden, die Ganzheit dessen zu erfahren, wer Sie sind, das heißt, alle fünf Koshas zu erleben. Denken Sie dabei an einen leckeren Kuchen mit vielen Schichten. Die Gabel durchbohrt zuerst die äußeren Schichten, um in die Mitte zu gelangen. Nur wenn alle Schichten auf Ihrer Gabel zusammen sind, können Sie die volle Freude an dem, was der Kuchen zu bieten hat, erleben.

Die Reise durch die Koshas mithilfe von Körperübungen ist intuitiv und natürlich. Die ersten paar Minuten einer Übung sind dann, wenn der physische Körper durch seine anfängliche Dehnung, Steifheit, Schmerzen oder Stärke arbeitet. Der physische Körper ist der erste Zugangspunkt für die spirituelle Arbeit, ist aber nicht das einzige Ziel von Ihrer Praxis.

Bald nachdem Sie sich Ihres physischen Körpers bewusst geworden sind, lenken Sie die Aufmerksamkeit auf Ihren Atem und wie sich die Energie durch Ihr System bewegt. Beim Erleben der Pranamaya Kosha besteht ein Gefühl von Fließfähigkeit und Fluss, da Atem und Prana Energie im gesamten System bewegen.

Sie bemerken, dass die Konzentration auf Ihren Körper und Ihren Atem hilft, Ihren Geist zu beruhigen und festsitzende Emotionen zu bewegen. Dies ist die Manomaya Kosha.

Wenn Ihr Geist erst einmal einen friedlicheren Zustand erlebt, ist der Zugang zu Bewusstsein und Weisheit (Vijnanamaya Kosha) besser. Die mentalen Fluktuationen scheinen sich zu verlangsamen oder ganz zu stoppen und es gibt Raum für Intuition und mehr Verständnis.

Wenn Sie Ihre Yogapraxis mit sitzender Meditation beenden, können Sie den Kern Ihres Wesens kennenlernen. Ein ruhiges Gefühl von Lebendigkeit und Freude rückt in den Vordergrund der Erfahrung und Sie erreichen Anandamaya Kosha.

Am Ende des Yoga

Namasté (nah-mah-stay). Sie hören dieses Wort am Ende jeder Yogastunde, aber wissen Sie, was es bedeutet?

Wie in so vielen Yoga-Traditionen besteht die Möglichkeit, tiefer in die Absicht und Bedeutung hinter dem, was Sie sagen, was Sie tun und wie Sie sich durch diese Welt bewegen, zu graben. Wenn Sie wirklich „Yoga" leben, konzentrieren Sie sich mehr auf das „Wie" und „Warum" Ihrer Posen als auf die äußere Form.

Wenn Sie Ihren Kopf beugen und am Ende einer Yoga-Übung Namasté sagen, haben Sie die Möglichkeit, mehr zu tun, als nur das Ende der Sitzung zu markieren. Tatsächlich befindet sich eine spirituelle Offenbarung auf der anderen Seite eines wahrhaft gefühlten Namasté. Schauen Sie sich daher im Geiste der höheren Bildung die tiefere Erklärung dieses oft gehörten, aber häufig zu vereinfachten Stücks yogischer Weisheit an.

Wenn die spirituellen Traditionen des Yoga in einem Wort zusammengefasst werden könnten, könnten sie Namasté sein. Dieses Sanskrit-Wort bewirkt das Wesen der Einheit und das Verständnis der wahren Natur der Realität. Auf der Basisebene ist namasté ein Gruß an Respekt und Ehrfurcht. Diese traditionelle indische Begrüßung heißt wörtlich "Ich verneige mich vor dir" („namah" oder „namas", was Bogen bedeutet und „té", was dich bedeutet). In Indien begleitet die Gebärde Anjali Mudra (Gebetsposition der Hände) nicht nur das Wort, sondern steht auch für deren Bedeutung. Menschen, die auf der Straße aneinander vorbeigehen, Familienmitglieder begrüßen sich, Kinder, die ihre Ältesten anerkennen und Fremde, die sich zum ersten Mal treffen, schließen ihre Hände gegenseitig und neigen den Kopf.

Es ist immer hilfreich, einen kurzen Satz zu finden, der eine spirituelle Lehre erfasst. Namasté hat jedoch mehr zu bieten als das, was auf die Seite einer Kaffeetasse passt. Namasté steht für die Idee, dass alle eins sind. Sie bekräftigt, dass alle nach außen hin anders aussehen, aber darunter aus demselben Material bestehen. Die Tantrik-Philosophie lehrt, dass alles, was existiert, ein göttliches Bewusstsein ist, das sich nach verschiedenen

Formen sehnt. Die Lehren sagen, dass die spirituelle Praxis die Kunst und der Akt ist, einfach daran zu denken, wer man ist.

Mit Namasté sagen Sie, dass Sie andere als das sehen, was Sie tatsächlich sind. Es ist eine Bestätigung der Wahl, sich mit dem Gottbewusstsein zu identifizieren und nicht mit dem Ego. Ein Namasté zwischen zwei Yogis ist ein Pakt, der darauf abzielt, die höchsten, wahrsten und authentischsten Teile von sich selbst zu ehren und ihre Grenzen fallen zu lassen.

Sanskrit ist eine wahrhaft magische Sprache, weil seine Wörter Begriffe darstellen, die keine englischen Entsprechungen haben. Da kein Wort auf Englisch die Bedeutung von Namasté zusammenfassen kann, kann das Auspacken eine spirituelle Suche des Herzens sein. Es ist eine Sache, diese Philosophie konzeptionell zu verstehen, aber es ist eine andere, sie in den Knochen zu spüren. Diese Lehre als Wahrheit zu erkennen, ist sowohl das Ziel als auch der Weg.

Mantra

Mit spirituellen Praktiken wie Yoga und Meditation, die immer beliebter werden, scheint es, als würde jeder über Mantras sprechen. Aber was genau ist ein Mantra und wie soll man es verwenden?

Das Wort bedeutet genau das, was es ist, denn übersetzt heißt es „Spruch, Lied oder Hymne“. Es ist ein „Klangkörper“, dem eine spirituelle Kraft innewohnt, wie eine heilige Silbe, ein heiliges Wort oder einem heiligen Vers. Mantras können gesprochen, geflüstert, gesungen, aufgeschrieben oder nur gedacht werden. Wie man sie verlautet ist egal, es geht mehr um das ständige Wiederholen eines Mantras, damit sie sich so im Diesseits manifestieren können.

Ein Mantra soll eine Art Fahrzeug sein, das Ihnen hilft Ihren Geist zu beruhigen und zu führen. Es soll helfen, Ihren Geist auf eine Sache zu konzentrieren und so ein erhöhtes Bewusstsein zu schaffen. Bewusstsein bezieht sich in diesem Zusammenhang auf die Fähigkeit, auf die Entscheidungen zu achten, die Sie in Ihrem Alltag treffen, und zu erkennen, wenn etwas nicht funktioniert, damit Sie es ändern können. Sie sollen sich darauf besinnen, dass Sie im Hier und Jetzt leben und sich weder um die Vergangenheit, noch um die Zukunft sorgen sollen. Mantras können helfen, sich in diesen gegenwärtigen Geisteszustand zurückzubringen. Im Yoga sind Asanas Körperhaltungen und Mantras sind Körperhaltungen des Geistes. Sie sollen während Mediationen oder Asanas die Verbindung zu einem bestimmten Geisteszustand halten. Am Ende des Tages soll das Mantra Sie zurück zur Einfachheit bringen. Wir leben in einer so komplexen Welt, dass man sich leicht in allen Details verlieren kann. Mantras können helfen, Sie zu einem vereinfachten Lebensstil zurückzukehren lassen und sich auf die Dinge zu konzentrieren, die Sie inspirieren und wirklich glücklich machen.

Während es in der vedischen Tradition zahlreiche Mantras gibt, gibt es keine größere als das Gayatri-Mantra. Das Gayatri ist dem Aspekt der Sonne kurz vor Sonnenaufgang gewidmet, so dass die gesamte potentielle Energie, die aus dem gesamten Kosmos ausgeht, in Gayatri enthalten ist. Es wird gesagt, dass die

Meditation mit dem Gayatri-Mantra alle Schichten von Unreinheiten, die den Geist bedecken und durch unzählige Geburten entstanden sind, verbrennt und die Vision des höchsten Bewusstseins verleiht.

Die alten Texte besagen, dass die Meditation mit dem Gayatri-Mantra in Ihnen das Gefühl entwickelt, ständig im göttlichen Zustand des reinen Bewusstseins zu leben. Wenn das Herz ganz offen für die Gayatri ist, werden alle Handlungen, die man in der Welt ausführt, in sehr edle Handlungen umgewandelt, die dem Göttlichen gewidmet sind. Alle Wünsche werden mühelos erfüllt und man erreicht die vollständige Vereinigung mit der höchsten Göttin des göttlichen Bewusstseins.

Die vedischen Schriften besagen, dass das nicht-duale "OM" aus dem höchsten unmanifesten Absoluten hervorgegangen ist, das ursprünglich als die drei Buchstaben "A", "U" und "M" ausgedrückt wurde. Aus diesen bestehen die drei Welten: Erde, Himmel und Existenz (bhur), Bewusstsein (bhuvah) und Glückseligkeit (suvah). Das heißt, aus den Bestandteilen eines Universums entstand das große Gayatri-Mantra. Es ist das Wissen um die transzendentale Natur des kosmischen Wesens (Purusha), das dem die gesamte Bedeutung der Veden gibt. Gayatri erscheint als Vers im Rig Veda und ist der Name des vedischen Taktes oder Rhythmus, in dem der Vers komponiert ist. Gayatri gilt als die Quintessenz der Veden.

In ihrer Göttinnenform ist Gayatri bekannt als die "Mutter der Veden", die Essenz der upanishadischen Weisheit der Erleuchtung und die Mutter des Universums. Auch wenn es in der Außenwelt viele Arten von Leibwächtern gibt, sollten Sie nie vergessen, dass der größte und wichtigste Schutz der von Jagan Mata, der Mutter des Universums, ist. Die Wiederholung des Gayatri-Mantra mit Hingabe und Glauben gibt dem spirituell Suchenden göttlichen Schutz. Es wird gesagt, dass die Anbetung anderer Formen der Muttergöttin ohne die Gayatri wie die Anbetung anderer Mütter und das Vergessen der eigenen ist. Das Gayatri-Mantra ist auch bekannt als das Savitri-Mantra, das dem Sonnengott Savitri gewidmet ist, der die Quelle, Inspiration und lebensspendende Kraft des Universums darstellt.

Alle Weisheit, das Wissen und die ganzen Veden sind in diesen 24 Silben verborgen. Sie sagen, dass ein ganzes Leben nicht ausreicht, um die verborgenen göttlichen Wahrheiten einer dieser Silben zu erkennen. Wer das göttliche Bewusstsein dieses Mantras erlebt hat, hat in dieser äußeren Welt nichts mehr zu hören, zu lesen, zu lernen oder zu genießen.

Der Gayatri wird am besten leise oder mit einer weichen, süßen Stimme und einem ruhigen Geist gesungen. Auf diese Weise werden Ihre Wünsche, auch die, die noch nicht geäußert wurden, alle erfüllt. Astrologisch schützt die Gayatri ihre Kinder vor den negativen Einflüssen der Strahlen der neun Planeten, beseitigt Ängste und hilft Ihnen, jede Aufgabe erfolgreich zu erfüllen. Sie hält auch das Gleichgewicht zwischen Luft, Feuer und Erde, den drei Qualitäten oder Doshas im Körper und sorgt für eine gute Gesundheit. Es gibt nichts Besseres als das Gayatri-Mantra.

Im Folgenden finden Sie die Standardversion des Gayatri-Mantra, das am häufigsten verwendet wird, zusammen mit einer phonetischen Aussprache. Es gibt auch viele kommerzielle Aufnahmen, die Ihnen helfen können, es zu lernen.

„Om

Bhur Bhuvah Suvaha – (Bhoor Bhoo-va Su-va Su-va-va-ha)

Tat Savitur Varenyam – (Tat Sa-vee-toor Var-ayn-yam)

Bargo Devasya Dhimahi – (Bar-go Day-vas-ya Dhee-ma-hee)

Dhiyo Yo Nah Prachodayat – (Dhee-yo Yo Nah Pra-cho-da-yaat)“

Anstatt eine direkte Übersetzung des Gayatri-Mantra zu geben, was oft verwirrend ist, um zu versuchen zu verstehen, werden ihm hier mehrere verschiedene Bedeutungen zugeschrieben. Einige bevorzugen es als Ursprung des Universums, andere als Aspekt der Sonne. Sie können wählen, mit welchem Sie sich identifizieren.

> *„Oh, Schöpfer des Universums. Wir meditieren über deine höchste Pracht. Möge deine strahlende Kraft*

unseren Intellekt erleuchten, unsere Unwissenheit zerstören und uns in die Richtung der Erleuchtung führen, indem sie unsere inneren Herzen reinigt."

„Wir meditieren über das Licht des leuchtenden Gottes Savitur, der der Inspirator aller Wesen, ihres inneren Selbst und der Schöpfer des Universums ist. Wir vermitteln über das bezaubernde Licht, das das Selbst des höchsten Herrn des Universums ist. Sie ist der Geber des Wissens und Zerstörer der Unwissenheit. Es ist das Licht des Höchsten Brahmanen selbst. Möge dieses Licht uns erleuchten."

„Om, Erde (bhūr) Luftraum (bhuvaḥ), Himmel (svaḥ)! Dieses vorzügliche Licht des Gottes Savitri empfingen wir, der unsere Gedanken anregen soll."

„Om, wir meditieren über den Glanz des verehrungswürdigen Göttlichen, den Urgrund der drei Welten, Erde, Luftraum und himmlische Regionen. Möge das Höchste Göttliche uns erleuchten, auf dass wir die höchste Wahrheit erkennen."

„Lasst uns über das Om meditieren, jener Urlaut Gottes, aus dem die drei Bereiche, das Grobe-Irdische (bhur), das Feinere-Ätherische (bhuvah) und das Feinste-Himmlische (svah) hervorgegangen sind. Lasst uns das höchste, unbeschreibbare, göttliche Sein verehren, die schöpferische, lebensspendende Kraft, die sich in der Sonne kundtut.
Lasst uns über das strahlende Licht Gottes meditieren, welches alles Dunkel, alle Unwissenheit, alle Untugenden vernichtet.
Möge dieses Licht unseren Geist erleuchten."

Während Sie das Gayatri-Mantra singen, versuchen Sie am Ende jeder Zeile und am Ende jeder Wiederholung leicht innezuhalten, anstatt durchzuhetzen. Beim Üben des Gayatri-Mantra wird empfohlen, es immer mindestens dreimal zu wiederholen, obwohl man das Mantra so oft wiederholen kann, wie es bequem ist. Wenn Sie fantasievoll sind und sich dadurch nicht ablenken lassen, versuchen Sie gleichzeitig die Sonnenstrahlen, die zuerst in die Welt und Ihr Herz strömen und dann aus dem Zentrum des Herzens strömen und Segen an die Welt senden, zu visualisieren.

Das Gayatri ist ein lebensförderndes Gebet. Die alten Texte sagen, dass die Wiederholung des Mantra 10 Mal täglich die Sünden dieses Lebens beseitigt, 100 Mal täglich die Sünden deines früheren Lebens und 1000 Mal täglich die Sünden von unzähligen Leben. Indem Sie mit dem Gayatri-Mantra meditieren, werden Sie in den göttlichen Zustand von reinem Bewusstsein und Erleuchtung eintauchen.

Schlaf

In der heutigen hektischen Gesellschaft eilen viele Menschen aus ihren Betten in ihr Leben und kommen gerade noch rechtzeitig zum Abendessen nach Hause, bevor sie es am nächsten Tag wieder in das Hamsterrad geraten. Es gibt nicht genug Stunden am Tag, um die Dinge zu erreichen, die wir erledigen müssen, geschweige denn, um zu den Dingen zu kommen, die wir tatsächlich genießen und tun wollen. Wenn wir endlich Zeit haben, entspannen wir uns, indem wir fernsehen oder Social Media und Internet Memes auf unseren Smartphones lesen. Diese Art von Aktivitäten verleihen einem bereits überlasteten Lebensstil mehr Impulse, so dass es für uns Menschen fast unmöglich ist, sich zu beruhigen. Und so gehen viele Menschen viel zu spät ins Bett, wälzen sich mit ihren Gedanken hin und her und kommen einfach nicht zur Ruhe.

Dabei ist, laut Ayurveda, der Schlaf das Kindermädchen der Menschheit. Im Schlaf repariert und verjüngt sich unser Körper von selbst. Ein Mangel an erholsamen Schlaf stört das angeborene Gleichgewicht des Körpers, schwächt unser Immunsystem und beschleunigt den Alterungsprozess. Ruhiger Schlaf bedeutet, dass Sie keine Medikamente oder Alkohol verwenden müssen, um einzuschlafen, sondern leicht abdriften, wenn das Licht ausgeschaltet ist und Sie die Nacht tief durchschlafen. Beim Aufwachen sollten Sie sich energetisch und lebendig fühlen, wenn Sie müde sind und ohne Begeisterung aufwachen, dann hatten Sie keinen erholsamen Schlaf.

Ruhiger Schlaf ist die Grundlage für Ihr geistiges und körperliches Wohlbefinden. Nach einem Tag anregender Aktivität braucht Ihr Körper tiefen Schlaf, wenn Geist und Körper sich ausruhen und zurücksetzen können. Wenn Sie gut ausgeruht sind, sind Sie wacher, können neue Informationen effizienter verarbeiten und treffen bessere Entscheidungen. Auf der anderen Seite, wenn man schlaflos ist, macht man eher Fehler und es dauert länger, Aufgaben zu erledigen. Kein Schlaf oder schlechte Schlafqualität erhöht das Risiko von Bluthochdruck, Herzerkrankungen, Diabetes, Depressionen und Gewichtszunahme. Etwa 30 Prozent der Erwachsenen haben Schwierigkeiten beim Einschlafen,

Schwierigkeiten beim Einschlafen, Probleme beim Einschlafen, Probleme beim zu frühen Aufwachen und schlechte Schlafqualität.

Für eine maximale Regeneration wird einer Person empfohlen mindestens 6 bis 8 Stunden erholsamen Schlaf pro Nacht, wobei zu berücksichtigen ist, dass die Stunden vor Mitternacht in der Regel die erholsamsten sind. Wenn Sie zum Beispiel acht Stunden zwischen 22.00 und 6.00 Uhr schlafen, werden Sie sich mehr ausgeruht fühlen, als wenn Sie acht Stunden zwischen Mitternacht und 8.00 Uhr schlafen.

Um Ihnen das Einschlafen zu erleichtern, sollten Sie auf einige Punkte in Ihrer Abendroutine beachten. Essen Sie möglichst ein leichtes Abendessen, ansonsten muss Ihr Verdauungssystem zu lange und schwer arbeiten, was Sie beim Einschlafen hindert. Minimieren Sie aufregende, erschwerende oder mental intensive Aktivitäten nach 20:30 Uhr. Vor dem Schlafengehen helfen ein entspannendes Bad, ätherische Öle oder eine leichte Massage. Besonders erfolgreich ist eine Mediation, sie lockert die Muskeln und lässt die Gedanken zur Ruhe kommen lassen. Versuchen Sie nicht direkt vor dem Einschlafen zu Arbeiten oder fern zu schauen. Wenn Sie aber ganz besonders etwas beschäftigt, schreiben Sie Tagebuch oder einen Brief, damit Sie diese Gedanken loswerden und wieder zur Ruhe kommen können.

Hier sind drei Einschlaftechniken, die ich Ihnen vorstellen möchte.

Eine Visualisierung, genannt Reprise, führt Sie durch Ihren gesamten Tag. Setzen Sie sich aufrecht in Ihr Bett, schließen Sie die Augen und gehen Sie zurück zu dem Moment, in dem Sie früher an diesem Morgen aufgewacht sind. Gehen Sie Schritt für Schritt durch Ihren kompletten Tag, ohne Ihre Erfahrungen dabei zu beurteilen oder auszuwerten. Diese Visualisierung sollte nicht länger als zwei Minuten dauern, versuchen Sie zügig durch die Geschehnisse zu gehen und nicht irgendwo hängen zu bleiben. Die Reprise soll helfen zu entspannen, die Gedanken zu ordnen und sie loszuwerden. Es kann sogar dazu führen, dass Sie ein kosmisches Bewusstsein, die fünfte Bewusstseinsebene, entwickeln können.

Eine weitere gute Technik ist eine mantrabasierte Schlafmediation durchzuführen. Om Agasthi Shahina (Ōm Ah-gah´-stee Shah-ee´-

nah) ist das Mantra, das man so oft wie man möchte wiederholt. Dabei muss der Atem nicht synchronisiert sein, man sollte ganz normal atmen. Durch das Mantra bringt man seine Gedanken auf einen Kurs, beruhigt sich und durch den gleichmäßigen Atem lockert man seine Muskeln.

Im Allgemeinen hat entspannendes oder erholsames Yoga - und nicht Power-Yoga - eine beruhigende Wirkung auf Körper und Geist. Eine regelmäßige Yogapraxis kann auch die Immunität stärken, den Blutdruck senken, die Aufmerksamkeit auf sich ziehen, das Nervensystem beruhigen, die Körperhaltung verbessern, Stress und Spannungen lösen und die körperliche, geistige und emotionale Heilung fördern. Bevor Sie mit dem Yoga anfangen, schaffen Sie eine ruhige Atmosphäre. Dunkeln Sie den Raum ab, legen sie leise, entspannende Musik auf und halten Sie sich warm, aber nicht zu heiß.

Probieren Sie die „stehende Vorwärtsfaltung“ als Yogapose zum Einschlafen aus. Hierbei strecken Sie Ihren Körper, Verspannungen werden gelöst und die Wirbelsäule entspannt sich. Stehen Sie mit den Füßen etwa hüftbreit oder breiter. Beugen Sie Ihre Knie und rollen Sie langsam nach unten und falten Sie Ihren Oberkörper über Ihre Beine. Halten Sie eine großzügige Krümmung in den Knien und lassen Sie Oberkörper, Rumpf, Arme und Kopf schwer hängen. Schütteln Sie Kopf und Haare aus und entspannen Sie Ihren Kiefer. Schwingen Sie sanft von einer Seite zur anderen und nach vorne und zurück, um alle Teile der Füße auf dem Boden zu spüren. Bleiben Sie gefaltet und experimentieren Sie für eine bis fünf Minuten mit verschiedenen Armvarianten. Rollen Sie sich langsam hoch oder beugen Sie die Knie und kommen runter auf den Boden.

Das „Einfädeln der Nadel“ ist eine weitere entspannungslösende Yogastellung, um Ihnen den Schlaf zu erleichtern. Kommen Sie zu Ihren Händen und Knien hinunter. Polstern Sie Ihre Knie mit einer Decke, wenn sie empfindlich sind. Halten Sie Ihre linke Hand geerdet und strecken Sie Ihren rechten Arm nach oben. Schauen Sie aufwärts zu der rechten Hand und atmen Sie tief durch. Während Sie ausatmen, fädeln Sie den rechten Arm ganz unter den linken. Legen Sie Ihre rechte Schulter und die Seite Ihres Kopfes auf den Boden. Drücken Sie aktiv den Rücken Ihrer rechten Hand in die Erde, um die Dehnung in Ihrem oberen Rücken zu verstärken. Legen Sie Ihre linke Hand auf den Boden, um Stabilität zu erhalten oder greifen Sie nach dem Arm und wickeln Sie ihn um Ihren Rücken. Schaukeln Sie Ihre Hüften von einer Seite zur anderen, bis Sie sich ruhig fühlen und halten Sie sie für mehrere tiefe Atemzüge. Entspannen Sie sich wieder zu Ihren Händen und Knien.

Benutzen Sie die sitzende Vorwärtsfaltung, um Ihr Bewusstsein auf Ihren Atem, Ihre Intuition und Ihre innere Welt auszurichten. Setzen Sie sich gerade hin. Wenn sich Ihr niedriger Rücken oder Ihre Kniesehnen empfindlich oder sehr eng anfühlen, setzen Sie sich auf den Rand einer Decke oder eines Kissens. Strecken Sie die Beine gerade vor Ihr aus. Beugen Sie sich und richten Sie Ihre Füße ein paar Mal aus. Beugen Sie dann Ihre Füße, indem Sie Ihre Zehen zurück zu Ihrem Gesicht ziehen. Greifen Sie mit den Armen bis zum Himmel und genießen Sie einen tiefen Atemzug. Während Sie ausatmen, falten Sie sich nach vorne über Ihre Beine, egal wie viel. Lassen Sie die Hände auf Ihren Oberschenkeln, Knien, Schienbeinen, Knöcheln oder Füßen landen. Lassen Sie Ihren Kopf nach vorne kippen und entspannen Sie Ihren Hals oder legen Sie Ihre Stirn auf einen Block, ein Kissen oder Ihre Beine. Bleiben Sie eine bis fünf Minuten lang genau so, während Sie tief durchatmen.

Die Yogastellung Verdrehung auf einer Polsterung streckt die Wirbelsäule, ist eine Massage für die Bauchorgane und bietet zusätzlich eine Möglichkeit durch eine Drehung Ihren Blickwinkel zu verändern.

Legen Sie ein Kissen oder eine Rolle Decken vor sich.

Setzen Sie sich aufrecht hin und krümmen Sie ein Knie auf die linke Seite. Legen Sie das Polster an Ihre rechte Hüfte. Bringen Sie eine Hand auf jede Seite des Polsters. Atmen Sie ein und dehnen Sie Ihre Wirbelsäule aus. Drehen Sie sich nach rechts, während Sie ausatmen. Atmen Sie ein und werden wieder lang. Führen Sie Ihren Torso über die Stütze, während Sie ausatmen. Legen Sie Bauch, Rippen, Brust und eine Wange auf das Kissen. Legen Sie Ihre Arme auf die Erde, zu den Seiten oder um das Kissen. Stellen Sie die Tiefe Ihrer Drehung ein, indem Sie Ihren

Kopf von den Knien wegdrehen oder auf halbem Weg aufstehen und Ihre Drehung zurücksetzen. Atmen Sie eine bis fünf Minuten lang durch. Dann entspannen Sie sich von der Drehung und wiederholen Sie die Prozedur auf der zweiten Seite.

Im Einklang mit der Natur

Der Ausdruck "Leben im Einklang mit der Natur" hat im Ayurveda eine genaue Bedeutung: gesunde Wünsche und Träume zu haben, die zu dem passen, was man ist und eigentlich braucht. So wie die Natur Sie geschaffen hat, sollte das, was man braucht und das, was man will, nicht im Konflikt stehen. Befindet man sich im körperlichen und geistigen Gleichgewicht, wünscht man sich nur das, was die Gesundheit und das Leben fördert.

Bekommt man genug erholsamen Schlaf, ernährt sich richtig und füttert die Sinne mit positiven und gesunden Erfahrungen, Geschmäckern, Berührungen, Aromen und Geräuschen, fließt Harmonie und Gleichgewicht durch den Körper. Ist man jedoch nicht im Einklang mit sich und seinem Körper, werden die Wünsche nüchtern, man isst Junk Food, vernachlässigt Schlaf und Bewegung und gibt sich schlechtem und zwanghaftem Verhalten hin. Das führt zu einem Ungleichgewicht, was zu mehr Stress und Vernachlässigung führen und schlussendlich in einer Störung oder einer Krankheit münden kann.

Der beste und natürlichste Weg, um ein gesundes Leben und glückliches Leben zu führen, ist auf seinen Körper zu hören. Das Prinzip ist einfach: Steht man vor einer Entscheidung, stellt man sich vor man habe schon eine der Möglichkeiten gewählt. Man denkt sich, man hätte schon diese Entscheidung getroffen. Doch dann hält man inne und konzentriert sich auf seinen Körper. Wie reagiert er? Zwickt oder juckt es irgendwo? Schwitzen Sie, rumort Ihr Magen oder sind Sie emotional aufgewühlt, aggressiv? Dann haben Sie wahrscheinlich die falsche Entscheidung getroffen. Sendet Ihr Körper aber Signale von Trost oder Begierde aus, dann könne Sie fortfahren. Bringen Sie sich selbst etwas über Körpersprache bei und versuchen Sie sich selbst zu analysieren. Während der Geist in der Vergangenheit und der Zukunft lebt, befindet sich der Körper im Jetzt und zweifelt nie an sich selbst. Es kennt die Wahrheit und wird dich zu den evolutionärsten Entscheidungen führen. Die Natur leitet Sie.

Der ayurvedische Ansatz besteht darin, sich mit der unendlichen Organisationskraft der Natur auszurichten, anstatt zu kämpfen oder zu versuchen, die Dinge zu zwingen, einen anderen Weg zu gehen. Dieses Prinzip wird durch das Gesetz der geringsten Anstrengung verkörpert. Wenn Sie die Natur beobachten, werden Sie feststellen, dass Gras nicht versucht zu wachsen, sondern einfach wächst. Vögel versuchen nicht zu fliegen, sie fliegen einfach. Die Natur funktioniert mit müheloser Leichtigkeit, reibungslos und spontan. Es ist intuitiv, ganzheitlich, nichtlinear und nahrhaft. Daher erinnern Sie sich immer wieder an den Satz: „Immer mit der Ruhe". Klingt einfach? Ist es auch. Versuchen Sie ebenso am wenigsten Mühe aufzuwenden und auch große Ereignisse mit Gelassenheit anzugehen. Stress ist einer der häufigsten Ursache von Krankheiten, auch wenn wir ihn nicht als solchen wahrnehmen. Die Intelligenz der Natur funktioniert mit müheloser Leichtigkeit, mit Sorglosigkeit, Harmonie und Liebe. Und wenn wir die Kräfte der Harmonie, Freude und Liebe nutzen, schaffen wir Erfolg und Glück mit müheloser Leichtigkeit.

Aber wie schafft man diese Leichtigkeit? Um sich das Leben signifikant zu erleichtern, sollte man zuerst lernen, die Dinge so zu akzeptieren wie sie sind. Das kann sich auf Menschen, Situationen oder Umstände beziehen. Jetzt, in diesem Moment, lässt es sich nicht ändern. Andere Menschen lassen sich nicht von Ihnen ändern, das können nur sie selber. Situationen und Umstände sind nun mal so eingetroffen. Akzeptieren Sie es, so wie es ist und nicht so, wie Sie es sich wünschen. Das wird nicht passieren. Es ist schon geschehen und Sie können rein gar nichts daran ändern. Manche Dinge passieren einfach, das klingt schrecklich, ist aber leider so.

Nachdem Sie es akzeptiert haben, versuchen Sie die Verantwortung für Ihre Situation und für all die Ereignisse zu übernehmen, die Sie als Problem betrachten. Verantwortung zu übernehmen bedeutet, niemanden oder irgendetwas für Ihre Situation verantwortlich zu machen (und das schließt Sie selber mit ein). Machen Sie sich dieses Problem zu nutzen und verwandeln Sie es in eine Chance. Grämen Sie sich nicht zu lange, sondern wenden Sie sich den positiven Dingen hin und suchen Sie eine Lösung oder eine Möglichkeit, es in etwas Besseres zu ändern.

Nur weil Sie es schaffen, etwas zu akzeptieren und Verantwortung zu übernehmen, gilt das nicht automatisch für alle anderen

Menschen. Meistens ist sogar das Gegenteil der Fall, jeder beharrt auf seine Meinung, sieht nichts ein und bringt den Prozess zum Stillstand. Seien Sie nicht so, machen Sie es besser. Sie müssen nicht alle anderen von Ihrem Standpunkt überzeugen und ihn verteidigen. Gehen Sie mit gutem Beispiel voran und bleiben Sie offen anderen gegenüber. Das wird Ihr Leben erheblich erleichtern und Sie finden sich leichter im Gleichgewicht, mit sich und mit der Natur.

Versuchen Sie nicht immer zu kämpfen, sondern lassen Sie einfach mal los. Kämpfen Sie nicht mehr dagegen an und lassen Sie Gedanken, Gefühle, die Vergangenheit, Situationen oder Personen los. Wenn die meisten Menschen das Wort Kapitulation hören, denken sie an etwas Negatives: aufgeben, verlieren, gedemütigt werden oder sich kontrollieren oder vielleicht sogar inhaftieren lassen. Wenn man sie jedoch in einem spirituellen Kontext einsetzt, bedeutet Hingabe auch, aufzugeben, aber hier geht es darum, alles aufzugeben, was einem nicht mehr dient. Spirituelle Hingabe bedeutet, aufzuhören, gegen das "Was ist" zu kämpfen, die Kleinheit des Lebens loszulassen und seine Gesamtheit vollständig anzunehmen.

In den vedischen Texten wird die geistliche Hingabe als "Freude an der Hingabe" bezeichnet. Es ist das wunderbare, positive Gefühl, das man hat, wenn man einfach loslässt. Es sprengt alle Grenzen, erweitert sich über die übliche Konditionierung hinaus und öffnet sich für unendliche Möglichkeiten. Es bietet das kleine Selbst oder die persönliche Identität dem Absoluten an. Glauben Sie daran, dass es eine göttliche Kraft, dabei ist es egal, an was genau Sie glauben, gibt, die sich um alles kümmert und alles in eine Ordnung bringt. Manchmal ist es schwer zu akzeptieren, aber manche Dinge lassen sich nicht kontrollieren oder erzwingen.

Um die Hingabe, das Loslassen, vollständig praktizieren zu können, müssen Sie sich zuerst einige Dinge fragen und bewusst werden.

Ein wichtiger Eckpfeiler ist der Glaube. Mithilfe des Glaubens können Sie Dinge akzeptieren und dass, wenn Sie loslassen, aus etwas Schlechtem etwas Gutes entstehen kann. Das etwas oder jemand Ihren Weg lenkt und Ihnen hilft. Dabei spielt es überhaupt keine Rolle, was Sie glauben. Hauptsache Sie glauben es inbrünstig und Sie glauben an sich.

Sie brauchen auch Geduld. Glaube und Geduld ergänzen sich gegenseitig, sie sind die Ursache und die Wirkung des anderen. Beide sind sowohl Mittel als auch Zweck des anderen. Der indische spirituelle Meister Shirdi Sai Baba betonte sie als notwendig für Harmonie und Wohlbefinden. Die Geduld, die Dinge natürlich entfalten zu lassen, mit dem Verständnis, dass alles, was Sie brauchen, automatisch im perfekten Moment auf den Weg kommt.

Wem ergeben Sie sich? Dies kann für viele Menschen auf einem spirituellen Weg eine schwierige Frage sein. Gebe ich mich einem spirituellen Lehrer oder Guru hin? Stelle ich mich einer religiösen Galionsfigur oder Gottheit, die ich nicht einmal kenne, oder verkaufe ich mich selbst? Kein wirklich erleuchteter Lehrer wird Sie jemals bitten, Ihren Körper, Ihren Geist oder Ihren Besitz an ihn oder sie zu übergeben. Denken Sie immer daran, dass Sie nicht sich selbst aufgeben sollen, Sie sollen nicht Ihre Familie verlassen, Ihren Job kündigen und in einem Kloster leben. Sie lassen nur Gedanken, Gefühle, Situationen oder Menschen los und übergeben Sie dem Göttlichen, das auf diese Dinge aufpasst. Bei der Kapitulation geht es nicht darum, etwas zu tun, sondern nur zuzulassen.

Der spirituelle Lehrer Eckhart Tolle sagt: "Hingabe bedeutet, Ja zum Leben zu sagen - und zu sehen, wie das Leben plötzlich anfängt, für dich zu arbeiten und nicht gegen dich."

Um weiterhin jeden Tag Ja zum Leben sagen zu können, muss man sich persönlich weiterentwickeln. Die Stagnation ist die Aufgabe des Lebens. Dabei benötigt man für die persönliche Entwicklung nur zwei Dinge: Absicht und Aufmerksamkeit. Die Absicht bedeutet hier der Wunsch nach Entwicklung. Und diesen Wunsch kann man immer und überall an jedem Tag haben und verwirklichen. Das Verlangen ist der mächtigste Motivator und wenn man sich auch nur ein kleines bisschen entwickelt, wird jeder Erfolg Sie mehr motivieren.

Wenn Sie Ihr Bewusstsein jeden Tag etwas erweitern, werden Sie sich Ihr ganzes Leben lang weiterentwickeln. Und hier kommt die

Aufmerksamkeit ins Spiel. Versuchen Sie jeden Tag Ihre Aufmerksamkeit auf Dinge zu lenken, die Ihr Bewusstsein erweitern können. Das kann durch Yogaübungen oder Mediation geschehen, aber auch durch bewusstes Erleben von Events, Essen oder anderen neuen Freizeitaktivitäten. Man kann auch durch bewusstes Geben und Bekommen von Liebe, Mitgefühl und Freundlichkeit sein Bewusstsein erweitern. Es ist klar, dass sich jeder Zeit für diese Dinge nehmen kann, es wäre ein verarmtes Leben, das nicht jeden Tag Möglichkeiten für mindestens einen von ihnen bietet. Jedes enthält seine eigene Motivation, indem es ein Gefühl von Freude und Vergnügen vermittelt. Ohne ein solches Gefühl wird die Erweiterung des Bewusstseins jedoch nicht stattfinden. Wenn Sie widerwillig, aus Pflichtgefühl oder Schuldbewusstsein handeln, werden die Handlungen gut bleiben, aber dadurch bekommen Sie nicht das Gefühl, eine glücklichere, erfülltere Person zu sein.

Das moderne Leben ist so, dass man sich verpflichtet fühlt, Dinge zu tun, die man eigentlich nicht mag. Es gibt Aufgaben und Anforderungen im Familien- und Berufsleben, die die Menschen für unvermeidlich halten. Aber sobald Sie die tägliche Absicht haben, sich zu entwickeln, muss die negative Seite der Gleichung beachtet werden. Stress, Druck bei der Arbeit, Schlafmangel, Müdigkeit, Krankheit, Angst, Depressionen, Frustration, schlechte Beziehungen oder alte Gewohnheiten sind leider nur ein paar Punkte auf einer viel zu langen Liste von negativen Aspekten eines Lebens. Daher machen es sich viele Menschen zu leicht und nehmen eine passive Haltung gegenüber diesen Punkten ein. Das hat aber leider einen schlechten Effekt, denn man beraubt sich selbst seinen Entwicklungsmöglichkeiten und die Bewusstseinsebene stagniert.

Jeder hat positive und negative Aspekte in seinem Leben, nur wie man damit umgeht, macht den Unterschied. Niemand kann von heute auf morgen alles Negative aus seinem Leben verbannen. Fangen Sie einfach klein an. Suchen Sie sich einen negativen Punkt aus, der aber nicht zu schwerwiegend ist, wie Müdigkeit oder eine schlechte Angewohnheit und versuchen Sie erst einmal dagegen anzukämpfen. Versuchen Sie es immer wieder, Tag für Tag, bis Sie ihn überwunden haben und dann suchen Sie sich den nächsten Punkt. Manche lassen sich leichter ändern als andere und bei manchen Punkten, wie Depressionen oder eine schlechte Beziehung, sollten Sie sich auch Hilfe suchen. Als Gegenpunkt sollten Sie sich einen positiven Aspekt in Ihrem Leben heraussuchen, bei dem Sie sich weiterentwickeln können. Diesen wiederholen Sie ebenso jeden Tag, wie Sie die negative Sache versuchen zu vermeiden. So bleiben Sie motiviert und die Anzahl positiver Dinge in Ihrem Leben nimmt zu.

Es wäre natürlich schöner, wenn die positive Seite des Lebens das Negative überwiegen würde, wie beim Ausgleich von Gewichten auf einer Skala. Aber so funktioniert das nicht. Der entwickelte Zustand ist offen, entspannt, akzeptierend, spontan, wachsam, neugierig und engagiert. Das sind keine Dinge, die man tun kann, es ist ein Zustand, der durch das Bewusstsein selbst kultiviert werden muss. Ohne das Gefühl, offen und entspannt zu sein, wird die positive Seite der Gleichung einfach eine Ablenkung sein.

Um Ihr Leben in Einklang zu bringen und sich ständig entwickeln zu können, helfen Ihnen Yogaübungen, Prahyama und Meditation besonders gut. Sie unterstützen Sie dabei ruhig, entspannt und fokussiert zu bleiben. Bei einer täglichen Routine werden Sie immer wieder an Ihre Ziele erinnert und Ihre Bewusstseinsebene öffnet sich.

Bewertung und Behandlung von Ungleichgewichten

Ayurveda umfasst verschiedene Techniken zur Beurteilung der Gesundheit. Der Praktizierende wertet die wichtigsten Anzeichen und Symptome einer Erkrankung sorgfältig aus, insbesondere in Bezug auf die Entstehung und Ursache eines Ungleichgewichts. Sie berücksichtigen auch die Eignung des Patienten für verschiedene Behandlungen. Die Diagnose wird durch direkte Befragung, Beobachtung und körperliche Untersuchung sowie Inferenz gestellt. Grundlegende Techniken wie das Messen des Pulses, das Beobachten der Zunge, der Augen und der physischen Form und das Hören des Tons der Stimme werden während einer Beurteilung angewendet.

Bei Bedarf können Palliativ- und Reinigungsmaßnahmen eingesetzt werden, um ein Ungleichgewicht zu beseitigen, zusammen mit Vorschlägen zur Beseitigung oder zum Management der Ursachen des Ungleichgewichts. Empfehlungen können die Umsetzung von Änderungen des Lebensstils, das Beginnen und Aufrechterhalten einer empfohlenen Ernährung und die Verwendung von Kräutern beinhalten. In einigen Fällen wird die Teilnahme an einem Reinigungsprogramm, dem Panchakarma, empfohlen, um dem Körper zu helfen, sich von angesammelten Giftstoffen zu befreien, um mehr Nutzen aus den verschiedenen vorgeschlagenen Behandlungsmaßnahmen zu ziehen.

Zusammenfassend lässt sich sagen, dass sich der Ayurveda an alle Aspekte des Lebens richtet - Körper, Geist und Seele. Es erkennt an, dass jeder von uns einzigartig ist, jeder reagiert unterschiedlich auf die vielen Aspekte des Lebens, jeder besitzt unterschiedliche Stärken und Schwächen. Durch Einsicht, Verständnis und Erfahrung präsentiert Ayurveda eine riesige Fülle von Informationen über die Zusammenhänge zwischen Ursachen und ihren unmittelbaren und subtilen Auswirkungen für jedes einzelne Individuum.

Selbstsorge ist zum Schlagwort geworden. Zahlreiche Bücher, Zeitschriftenartikel und Social Media widmen sich diesem Trendthema. Es ist überwältigend, mit der Menge an verfügbaren

Informationen herauszufinden, worum es wirklich geht und ob es etwas ist, von dem Sie wirklich profitieren können. Aber wie können Sie es in Ihr Leben integrieren?

Das Thema „Selbstpflege" hat unterschiedliche Konnotationen, je nachdem, wie Sie es sehen. Ein radikaler Ansatz besteht darin, die Selbstsorge als einen Weg zu betrachten, der darauf besteht, dass Sie wichtig sind und der Pflege wert sind, eine Erklärung zur Selbstliebe. Dies mag im Vergleich zu dem, was viele von uns gelehrt wurden, nicht eingängig erscheinen und dies ist besonders für Frauen schwierig. Doch wenn Sie sich um sich selbst kümmern, entsteht eine Person, die lebendig, gesund, leidenschaftlich und liebevoll ist. Von diesem Zustand an gedeihen Beziehungen, die Gesundheit wird verbessert und Sie werden ein glücklicherer ausgewogenerer Mensch.

Die amerikanische Schriftstellerin Audre Lorde fasste es in auf ihre eigene Weise zusammen: „Für mich selbst zu sorgen ist keine Selbstsucht, es ist Selbsterhaltung, und das ist ein Akt politischer Kriegsführung."

Selbstsorge kann jede Übung sein, die Ihnen hilft, die Version von sich selbst zu werden, die Sie anstreben oder sein wollen. Wenn Sie merken, dass Ihr Leben nicht im Einklang ist, wenn Sie ständig müde, gestresst und krank sind, nutzen Sie es als Chance und ändern Sie Ihr Leben nach ayurvedischen Prinzipien. Lernen Sie sich selbst kennen, stärken Sie Ihr Selbstbewusstsein und Ihre Entscheidungsfindung. Es kann banale Tätigkeiten beeinflussen, wie Geld verwalten, gesunde Ernährung, richtiger Schlaf, oder es kann Ihr ganzes Leben umkrempeln, Sie können darüber entscheiden, wie weit Sie diesem Weg folgen möchten.

Von dort, wo Sie gerade sind, dorthin zu gelangen, wo Sie sein wollen, mag entmutigend erscheinen. Es beginnt damit, dass Sie sich jeden Tag zu einer Übung verpflichten, die Sie mit der Zeit zum gewünschten Ergebnis bringt. Es ist wichtig, Glauben und Geduld zu haben, denn Sie werden vielleicht keine unmittelbaren Veränderungen spüren, aber nach einiger Zeit wird es Sie verändern.

Um zu beginnen, müssen Sie aber erst einmal ein Ziel vor Augen haben. Was möchten Sie, nur Sie? Gesünder essen, einen

Partner finden, einen neuen Job finden oder sich einfach nur energetischer fühlen? Berücksichtigen Sie dabei nicht die Meinungen Ihrer Familie oder Freunde, sondern hören Sie auf Ihr Herz. Schreiben Sie sich Ihr Ziel auf, egal ob in Stichpunkten oder detailliert und schreiben Sie ebenfalls auf, warum das Ihr Ziel ist, warum Sie sich verändern möchten.

Wenn Sie morgens aufwachen oder abends zu Bett gehen, schauen Sie Ihr Ziel an oder lesen Sie es laut vor. Schreiben Sie es auf eine Haftnotiz und kleben Sie es an Ihren Computer. Platzieren Sie sie an strategischen Orten, damit die Energie in die richtige Richtung fließt. Ihre Gedanken sind mächtig und wenn Sie diese Kraft nutzen, um Veränderungen zu bewirken, wird der Schwung erhalten bleiben. Wenn Sie feststellen, dass Sie Ihr Ziel optimieren müssen, ist das in Ordnung.

Nun, da Sie Ihr Ziel haben, welche Selbstversorgungspraktiken müssen Sie in Ihr Leben integrieren, um Ihr Ziel zu erreichen? In alten Formen der Medizin ist jede Krankheit oder Unzufriedenheit ein Hinweis auf Disharmonie in Körper, Geist und Seele. Dieses Buch behandelt einige Techniken, um Sie in Ihr neues Leben zu führen, wie Yoga, Meditation, Ernährung oder Atemtechniken. Andere Dinge brauchen keine ausführliche Erklärung, können aber dennoch zu Ihrem inneren Gleichgewicht und Weiterentwicklung beitragen. Hier ein paar Vorschläge, wie Sie Ihren Körper und Ihren Geist wieder in Einklang bringen könnten. Sie sollen natürlich viel Zeit mit Menschen verbringen, die Sie lieben, mögen und mit denen Sie sich wohlfühlen. Aber verzichten Sie auch nicht auf Gesellschaft, die Sie geistig anregt und stimuliert. Neue Gedanken und Debatten erweitern Ihr Bewusstsein und regen zu einem Perspektivenwechsel an. Aber nicht nur Gespräche können das bewirken, sondern auch Dinge, die Sie lesen oder hören. Lesen Sie intellektuelle Literatur und weiterbildende Artikel, hören Sie zu einem spannenden Thema einen Podcast. Eröffnen Sie ein Sparkonto, legen Sie sich einen Sparplan zu. Wenn Sie entweder nicht gut mit Geld umgehen können oder mehr Geld zur Verfügung haben, informieren Sie sich über dieses Thema. Es gibt alles möglichen Tipps und Lektüren zu Geld sparen oder Geld vermehren. Tun Sie etwas für Ihre Entspannung, gehen Sie früher schlafen und wachen Sie früher auf, nehmen Sie regelmäßig ein heißes Bad oder gehen Sie in die

Sauna. Beginnen Sie ein neues Hobby, egal ob es sportlich oder kreativ ist. Trauen Sie sich einfach und probieren Sie etwas Neues aus, was Sie schon immer mal machen wollten. Gehen Sie raus in die Natur. Lachen Sie mehr. Seien zu allen freundlich. Es gibt noch zahlreiche andere Sachen, die Sie machen könnten. Hier sollten Sie nur einen Anstoß bekommen, was damit gemeint sein soll. Unterschätzen Sie nicht die Wirkung von auch kleinen Veränderungen und Tätigkeiten. Alles, was Sie entspannter, ausgeglichener und glücklicher macht, bringt Sie Ihrem Ziel und dem inneren Gleichgewicht näher, das Ihrer Persönlichkeit entspricht.

Hier ist ein Beispiel für eine Tagesroutine. Die können Sie so übernehmen oder nur die Dinge herauspicken, die Ihnen entsprechen:

- Früh Aufwachen
- Trinken Sie 250 ml warmes Wasser
- Machen Sie eine Atemübung, am besten zusammen mit Yogaübungen
- Ernähren Sie sich gemäß Ihres Dosha-Typs
- Begehen Sie einen zufälligen Akt der Freundlichkeit
- Machen Sie im Laufe des Tages etwas, was Sie glücklich macht
- Trinken Sie Ingwertee
- Gehen Sie nach draußen für mindestens 15 Minuten
- Lesen oder Hören Sie etwas Inspirierendes
- Meditieren Sie
- Schreiben Sie Ihre Gedanken, Erfahrungen oder das, wofür Sie an diesem Tag dankbar waren, auf
- Gehen Sie früh schlafen

Diese Routine scheint für manche etwas „fortgeschrittener" zu sein. Am meisten besorgniserregend ist vielleicht die Zeit, die es braucht, um all dies zu schaffen! Denken Sie daran, dass diese Praktiken Ihr Leben auf eine Weise ergänzen, die Ihnen mehr Zeit gibt, um Dinge zu tun, die Sie wirklich tun möchten, weil Sie durch sie auch produktiver werden.

Denken Sie darüber nach, jemanden zu finden, der Sie zur Verantwortung zieht oder mit dem Sie es zusammen ausprobieren. Es kann ein Freund, ein Mitarbeiter oder ein Familienmitglied sein, der kontrolliert, wie es Ihnen bei Ihrem Fortschritt geht. Überlassen wir uns selbst, es ist leicht, die Praxis der Selbstpflege auf der Strecke zu lassen. Wenn Sie jedoch jemanden haben, der Sie zur Rechenschaft ziehen kann, ist es einfacher, sich an die von Ihnen eingegangene Verpflichtung zu halten. Ein weiterer hilfreicher Tipp ist, alles in einen Kalender zu schreiben. Planen Sie jeden Abend Ihren Zeitplan oder überprüfen Sie ihn einfach für den nächsten Tag. Dies sollte einige kurze Minuten in Anspruch nehmen und es hilft, sich mental auf einen guten Tag voller Ziele vorzubereiten.

Sie können alles planen und planen, was Sie möchten, aber manchmal passiert das Leben und das Unerwartete kann auftreten. Hier ist es wichtig, Raum für Änderungen oder Anpassungen zu lassen, wenn es um Ihre Selbstversorgerpraktiken geht. Denken Sie auch daran, dass eine im Sommer implementierte Praxis im Winter möglicherweise nicht so gut funktioniert. Seien Sie flexibel und kreativ und passen Sie Ihre Routine an.

Trotz ihres Trendstatus ist Selbstpflege kein neues Konzept. Anstatt einen bestimmten Namen zu haben, wurde es unter den alten Traditionen als Lebensstil betrachtet. Mit der Sonne aufzustehen, zu beten, Opfer zu bringen und sozial zu sein, war eine Möglichkeit, sich mit der Welt in Einklang zu bringen, Kraft und Widerstandskraft zu vermitteln. Es ist jetzt eine andere Welt, aber Ihre Kernbedürfnisse sind die gleichen.

Schlusswort

Ayurveda ist ein ganzheitliches Konzept. Das müssen Sie sich zuerst bewusst machen, wenn Sie es ausprobieren wollen. Das heißt, Sie sollen sich nicht nur um Ihren Körper kümmern, sondern auch um Ihren Geist, ansonsten funktioniert es nicht. Das wäre so, also würden Sie zum Arzt gehen und der behandelt nur die Symptome von Ihren Schmerzen, aber nicht die Ursache. Um die Ursache Ihrer Beschwerden oder Schmerzen herauszufinden, müssen Sie Ihren Kopf frei bekommen und sich über sich persönlich und Ihre Umgebung einen Überblick verschaffen. Was bereitet Ihnen Sorgen und Kummer, was stresst Sie und was macht Sie glücklich? Sie müssen lernen zu verstehen, was Ihnen schadet und was nicht. Das bedeutet nicht, dass Sie von heute auf morgen alles wegschmeißen und Reißaus nehmen sollen. Setzen Sie sich einfach Prioritäten und versuchen Sie nach und nach, Schritt für Schritt Dinge, Angewohnheiten oder Beziehungen zu beenden, die schlecht für Sie sind. Und räumen Sie den Dingen mehr Platz ein, die Sie gerne tun und die Sie glücklich machen. Zum Beispiel, wenn Sie Ihren Job überhaupt nicht mögen, sich nur noch hin quälen, suchen Sie sich einen neuen. Sie müssen nicht sofort kündigen und erst dann die Suche beginnen. Schauen Sie sich nebenbei um und lassen Sie sich Zeit. Vielleicht müssen Sie gar nicht den Beruf wechseln, sondern nur das Umfeld. Schon nette Kollegen und ein Chef, der Sie zu würdigen weiß, kann Ihren Stress und Ihre Unzufriedenheit merklich reduzieren.

Das ist auch das Motto von Ayurveda (sollte es jedenfalls sein): Lassen Sie sich Zeit! Sie müssen Ihr Leben nicht morgen komplett umkrempeln. Versuchen Sie Ihre Tagesroutine, Ihre Gewohnheiten und Ihre Einstellungen langsam, dafür aber stetig zu verändern. Zur Hilfe können Sie einen Wecker für bestimmte Tätigkeiten stellen oder Notizen dort hin kleben, wo Sie sie immer sehen. Ayurveda ist auf Nachhaltigkeit angelegt und nicht nur für ein paar Monate. Es soll Ihnen helfen, sich ständig weiterzuentwickeln und das Beste aus Ihnen herauszuholen. Ayurveda kann manchmal sehr komplex und vielschichtig erscheinen. Viele werden sich fragen, ob sich der Aufwand lohnt und wie weit, man alles genau befolgen sollte. Wie bei jedem anderen Lebenskonzept oder Diät, heißt es auch hier: Umso strikter es befolgt wird, umso schneller und effektiver zeigt sich der

Erfolg. Aber machen Sie sich keinen Stress. Befolgen Sie es soweit es geht, aber wenn Sie mal eine Meditation ausfallen lassen oder sich nicht haargenau nach Ihrem Dosha-Typ ernähren, geht Ihr Erfolg nicht zugrunde. Vielleicht mögen Sie Yogaübungen ja auch nicht oder durch Familie und Beruf bekommen Sie einfach nicht genug Schlaf. Das ist ok, versuchen Sie es, soweit es Ihnen möglich ist. Sie müssen auch keine Yogaübungen machen, treiben Sie einfach einen Sport den Sie mögen. Auch fällt vielen Menschen am Anfang die Meditation schwer. Das ist normal, aber hier rate ich, dass Sie es weiter versuchen, da es sich um eine Aufgabe für Ihren Geist handelt, der Sie innerlich stärkt und fokussieren lässt.

Ich hoffe, ich konnte Ihnen einen verständlich erklärten Einblick in das Thema Ayurveda mit diesem Buch bieten. Und noch mehr hoffe ich natürlich, dass Sie sich mithilfe dieses Buches dazu entschieden haben, Ayurveda auszuprobieren. Ich selbst lebe nach den Prinzipien von Ayurveda seit mehr als drei Jahren. Auch bei mir gibt es Höhen und Tiefen und manchmal befolge ich es nicht allzu strikt. Aber ich merke immer wieder, wie viel mir Ayurveda gibt, ich fühle mich fitter, gesünder und glücklicher. Ich ernähre mich nach meinem Dosha-Typ und habe nur noch selten Verdauungsstörungen und das nur, wenn ich zu viel gegessen habe. Das frühe Aufstehen fällt mir leichter durch einige Yogaübungen, die ich morgens mache. Meine Ziele sind mehr auf mich und was mich glücklich macht ausgerichtet, anstatt die Erwartungen von Familie und Freunde zu erfüllen. Die Meditation bringt mich dazu, über mich und meine Wünsche nachzudenken und was ich noch an mir verbessern kann. Ayurveda hat mich zu einem besseren und ausgeglichenen Menschen gemacht.

Vielen Dank fürs Lesen und ich wünsche Ihnen, dass Sie dasselbe empfinden werden, wenn Sie sich auf diese spannende Reise begeben.

Anhang

Ama-Fragebogen

Wenn Sie sich einen Überblick über Ihr aktuelles Ama-Level verschaffen möchten, drucken Sie den untenstehenden Fragebogen aus und kreisen Sie für jede Frage eine Zahl ein. Ein Wert zwischen 0-15 zeigt ein niedriges Niveau an Ama an; 16-35 bedeutet eine moderate Menge an Ama; und 36-50 bedeutet ein hohes Niveau an Ama. Viel Ama ist schlecht, denn es ist Gift für Ihren Körper. Haben Sie eine hohe Anzahl, dann wissen Sie, dass Sie dringend etwas ändern müssen.

Ich spüre oft ein Gefühl der Blockade in meinem Körper. (z.B. Verstopfung oder Stauung).	0 1 2 3 4 5
Ich habe oft Schwierigkeiten, Lebensmittel zu verdauen	0 1 2 3 4 5
Ich fühle mich neblig, wenn ich morgens aufwache.	0 1 2 3 4 5
Ich neige dazu, mich ohne ersichtlichen Grund schwach zu fühlen.	0 1 2 3 4 5
Ich fühle mich oft lethargisch und unmotiviert.	0 1 2 3 4 5
Ich verspüre das Bedürfnis, regelmäßig zu husten.	0 1 2 3 4 5
Ich werde leicht erschöpft, sowohl geistig als auch körperlich.	0 1 2 3 4 5
Ich bin oft deprimiert.	0 1 2 3 4 5
Ich habe oft keinen Geschmack für Essen	0 1 2 3 4 5
Ich erkälte mich mehrmals im Jahr.	0 1 2 3 4 5

Dosha-Test

Das ist ein Fragebogen zur Bestimmung Ihres Dosha-Typs. Wie in dem Kapitel Doshas erklärt, ist Ihr Dosha wichtig für Ihre Ernährung, aber auch um einen passenden und ausgeglichenen Lebensstil zu ermitteln. Bitte beantworten Sie die Fragen ehrlich, ansonsten ist das Ergebnis verfälscht. Dann kann es passieren, dass Sie sich nach einem ganz falschen Dosha richten und das kann noch mehr Schaden anrichten. Umkreisen Sie für jede Aussage die passende Zahl und addieren Sie sie am Ende jeden Typs, um die Gesamtpunktzahl für jeden Dosha zu erhalten. Ihr dominantes Dosha ist das, mit der höchsten Punktzahl. Es ist auch wichtig, sich daran zu erinnern, dass die meisten Individuen eine primäre Dosha haben, gefolgt von einer prominenten sekundären Dosha.

Ein einfacher Fragebogen wird nicht immer die volle Dynamik der Doshas erfassen. Wenn Sie einen allumfassenden Test machen möchten, wenden Sie sich an einen qualifizierten Ayurveda-Praktiker.

0-1 Trifft nicht zu

2-3 Manchmal gilt

4-5 Gilt die meiste Zeit.

Vata

Physikalische Eigenschaften:

1. Ich bin schlank und nehme nicht so leicht zu. 0 1 2 3 4 5

2. Ich bin größer oder kürzer als der Durchschnitt. 0 1 2 3 4 5

3. "Dünn" beschreibt viele meiner körperlichen Merkmale (wie Haare, Hals, Finger und Lippen). 0 1 2 3 4 5

4. Meine Energie schwankt und kommt oft in Form von Explosionen. 0 1 2 3 4 5

5. Mein Appetit ist variabel (d.h. hoch an einem Tag und niedrig am nächsten). 0 1 2 3 4 5

6. Ich habe die Tendenz, aufgebläht, gasartig oder verstopft zu werden. 0 1 2 3 4 5

7. Meine Haut wird häufig trocken. 0 1 2 3 4 5

8. Ich neige dazu, kalte Hände und Füße zu haben. 0 1 2 3 4 5

9. Ich bin ein leichter Schläfer und habe oft Schwierigkeiten beim Einschlafen. 0 1 2 3 4 5

10. Ich bevorzuge warmes, feuchtes Wetter gegenüber kaltem oder trockenem Wetter. 0 1 2 3 4 5

Psychologische Eigenschaften:

1. Ich bin kreativ und einfallsreich. 0 1 2 3 4 5

2. Ich genieße künstlerische Ausdrucksformen. 0 1 2 3 4 5

3. Mein Verstand ist aktiv und oft unruhig. 0 1 2 3 4 5

4. Ich lerne schnell, aber ich vergesse auch schnell. 0 1 2 3 4 5

5. Ich bin oft "neben der Spur". 0 1 2 3 4 5

6. Ich habe die Tendenz, mich ängstlich, nervös und unsicher zu fühlen. 0 1 2 3 4 5

7. Ich spreche schnell und benutze Handgesten. 0 1 2 3 4 5

8. Ich bin immer auf dem Sprung. 0 1 2 3 4 5

9. Mein Lebensstil und mein Tagesablauf sind unregelmäßig. 0 1 2 3 4 5

10. Meine Träume sind aktiv und bunt. 0 1 2 3 4 5

Pitta

Physikalische Eigenschaften:

1. Ich habe einen mittleren Körperbau und kann leicht zunehmen oder abnehmen. 0 1 2 3 4 5

2. Meine Größe ist durchschnittlich. 0 1 2 3 4 5

3. Meine körperlichen Merkmale sind scharf oder spitz (wie Nase, Kinn und Zähne). 0 1 2 3 4 5

4. Meine Energie und mein Aktivitätsniveau sind hoch. 0 1 2 3 4 5

5. Mein Appetit ist groß, ich kann große Mengen an Lebensmitteln essen. 0 1 2 3 4 5

6. Mein Stuhlgang ist regelmäßig, ich habe gelegentlich Durchfall. 0 1 2 3 4 5

7. Ich schwitze ganz leicht. 0 1 2 3 4 5

8. Meine Haut ist fettig und hat einen rötlichen Ton. 0 1 2 3 4 5

9. Meine Augen sind durchdringend und hell in der Farbe. 0 1 2 3 4 5

10. Ich bevorzuge kühleres Wetter und werde bei heißem Wetter reizbar. 0 1 2 3 4 5

Psychologische Eigenschaften:

1. Ich bin zielorientiert und erreiche alles, worauf ich mich konzentriere. 0 1 2 3 4 5

2. Ich habe einen guten Sinn für Humor. 0 1 2 3 4 5

3. Ich habe einen starken Intellekt und lerne gerne neue Dinge. 0 1 2 3 4 5

4. Ich habe eine natürliche Fähigkeit, andere zu führen. 0 1 2 3 4 5

5. Ich bin ein Perfektionist. 0 1 2 3 4 5

6. Ich neige dazu, reizbar, ungeduldig und wütend zu werden. 0 1 2 3 4 5

7. Ich bin kritisch gegenüber mir selbst und anderen. 0 1 2 3 4 5

8. Viele Leute denken, dass ich stur bin. 0 1 2 3 4 5

9. Ich werde reizbar, wenn ich eine Mahlzeit auslasse. 0 1 2 3 4 5

10. Ich genieße den Wettbewerb. 0 1 2 3 4 5

Kapha

Physikalische Eigenschaften:

1. Ich nehme leicht zu und verliere Gewicht mit großen Schwierigkeiten. 0 1 2 3 4 5

2. Ich bin kurz und stämmig oder groß und robust. 0 1 2 3 4 5

3. "Dick" beschreibt viele meiner körperlichen Merkmale (wie Haare, Hals, Finger und Lippen). 0 1 2 3 4 5

4. Ich habe viel Kraft und Ausdauer. 0 1 2 3 4 5

5. Meine Verdauung ist schwach und ich fühle mich oft schwer nach dem Essen. 0 1 2 3 4 5

6. Mein Stuhlgang ist sehr regelmäßig. 0 1 2 3 4 5

7. Meine Haut ist glatt und fettig und neigt dazu, blass zu werden. 0 1 2 3 4 5

8. Ich schlafe tief und fest. 0 1 2 3 4 5

9. Ich erkälte mich recht häufig. 0 1 2 3 4 5

10. Ich bevorzuge heißes Wetter gegenüber kaltem oder feuchtem Wetter. 0 1 2 3 4 5

Psychologische Eigenschaften:

1. Ich habe ein großes Herz und konzentriere mich lieber auf das Gute in der Welt. 0 1 2 3 4 5

2. Ich bin ruhig in der Natur und nicht leicht zu ärgern. 0 1 2 3 4 5

3. Ich bevorzuge einen langsamen, entspannten Lebensstil. 0 1 2 3 4 5

4. Ich lerne nicht so schnell wie andere, aber mein Langzeitgedächtnis ist ausgezeichnet. 0 1 2 3 4 5

5. Ich werde ganz leicht sentimental; ich denke oft an die Vergangenheit. 0 1 2 3 4 5

6. Ich bin methodisch in meinem Handeln. 0 1 2 3 4 5

7. Ich schütze mich selbst und meine Familie sehr. 0 1 2 3 4 5

8. Ich lasse negative Emotionen entstehen, anstatt sie anzusprechen. 0 1 2 3 4 5

9. Normalerweise lasse ich andere die Führung übernehmen. 0 1 2 3 4 5

10. Ich bin ein natürlicher Zuhörer und helfe oft anderen bei ihren Problemen. 0 1 2 3 4 5

Liste von Lebensmitteln

* okay in Maßen

** okay selten

Vata

Früchte

Vermeiden Sie:

Äpfel (roh), Preiselbeeren, Termine (trocken), Feigen (trocken), Birnen, Granatäpfel, Rosinen (trocken), Pflaumen (trocken), Wassermelone, die meisten Trockenfrüchte

Bevorzugen Sie:

Generell die süßesten Früchte, Äpfel (gekocht), Apfelmus, Aprikosen, Avocado, Bananen, Beeren, Kirschen, Kokosnuss, Feigen (frisch), Grapefruit, Trauben, Kiwi, Zitronen, Limetten, Mangos, Melonen, Orangen, Papaya, Pfirsiche, Ananas, Pflaumen, Pflaumen (eingeweicht), Rosinen (eingeweicht), Rhabarber, Erdbeeren, Tamarinde

Gemüse

Vermeiden Sie:

Im Allgemeinen gefrorenes, rohes oder getrocknetes Gemüse, Artischocke, Bittermelone, Brokkoli, Rosenkohl, Kohl (roh), Blumenkohl (roh), Sellerie, Mais (frisch)**, Löwenzahn-Grün, Aubergine, Meerrettich**, Grünkohl, Kohlrabi, Pilze, Oliven, grün, Zwiebeln (roh), Erbsen (roh), Paprika, süß & scharf, Kartoffeln, weiß, Kaktusfeige (Früchte & Blätter), Rettich (roh), Kürbis, Winter, Tomaten (gekocht)**, Tomaten (roh), Weizengras, Sprossen

Bevorzugen Sie:

Im Allgemeinen sollte Gemüse gekocht werden, Spargel, Rüben, Kohl* (gekocht), Karotten, Blumenkohl*, Koriander, Gurke, Fenchel (Anis), Knoblauch, grüne Bohnen, Grüne Chilischoten, Artischocke*, Blattgemüse*, Lauch, Salat*, Oliven, schwarz, Zwiebeln (gekocht)*, Petersilie*, Pastinak, Erbsen (gekocht), Kartoffeln, süß, Kürbis, Radieschen (gekocht)*, Spinat*, Sprossen*, Kürbis, Sommer, Brunnenkresse, Zucchini

Getreide

Vermeiden Sie:

Gerste, Brot (mit Hefe), Buchweizen, Getreide (kalt, trocken oder gepufft), Mais, Couscous, Cracker, Müsli, Hirse, Haferkleie, Hafer (trocken), Nudeln**, Polenta**, Reiskuchen**, Roggen, Dinkel, Tapioka, Weizenkleie

Bevorzugen Sie:

Amaranth*, Durham Mehl, Hafer (gekocht), Pfannkuchen, Quinoa, Reis (alle Sorten), Seitan (Weizenfleisch), Ausgestoßenes Weizenbrot (Essene), Weizen

Hülsenfrüchte

Vermeiden Sie:

Schwarze Bohnen, Kichererbsen, Kidneybohnen, Linsen (braun), Limabohnen, Miso**, Erbsen (getrocknet), Pinto-Bohnen, Sojabohnen, Sojamehl, Sojapulver, Tempeh, Weiße Bohnen

Bevorzugen Sie:

Linsen (rot)*, Mungobohnen, Mung-Dal, Sojakäse*, Sojamilch*, Sojasauce*, Sojawürstchen*, Tofu*

Molkereiprodukte

Vermeiden Sie:

Kuhmilch (pulverisiert), Ziegenmilch (Pulver), Joghurt (einfach, gefroren oder mit Frucht)

Bevorzugen Sie:

Die meisten Milchprodukte sind gut! Butter, Buttermilch, Käse (hart)*, Käse (weich), Hüttenkäse, Kuhmilch, Ghee, Ziegenkäse, Ziegenmilch, Eiscreme*, Sauerrahm*, Joghurt (verdünnt & gewürzt)*

Fleisch und Fisch

Vermeiden Sie:

Lamm, Schweinefleisch, Kaninchen, Wild, Truthahn

Bevorzugen Sie:

Rindfleisch, Büffel, Huhn, Ente

Fische (Süßwasser oder Meer), Lachs, Sardinen, Meeresfrüchte, Garnelen, Thunfisch

Gewürze

Vermeiden Sie:

Schokolade, Meerrettich

Bevorzugen Sie:

Schwarzer Pfeffer*, Chutney (süß oder würzig), Paprikaschoten*, Korianderblätter*, Ketchup, Zitrone, Mayonnaise, Senf, Salz, Frühlingszwiebeln, Sojasauce, Essig

Nüsse

Vermeiden Sie:

Keine

Bevorzugen Sie:

In Maßen: Mandeln, Walnüsse, Paranüsse, Cashewnüsse, Kokosnuss, Haselnüsse, Macadamianüsse, Erdnüsse, Pekannüsse, Pinienkerne, Pistazien

Öle

Vermeiden Sie:

Leinsamen

Bevorzugen Sie:

Sesam, Ghee, Olive, die meisten anderen Öle

Getränke

Vermeiden Sie:

Alkohol (hart; Rotwein), Apfelsaft, schwarzer Tee, Koffeinhaltige Getränke, Kohlensäurehaltige Getränke, Schokomilch, Kaffee, Kalte Milchgetränke, Cranberry-Saft, Eistee, Eiskalte Getränke, Birnensaft, Granatapfelsaft, Pflaumensaft**, Tomatensaft**

Bevorzugen Sie:

Alkohol (Bier; Weißwein)*, Mandelmilch, Aloe Vera Saft, Apfelmost, Aprikosensaft, Beerensaft (außer Preiselbeeren), Karottensaft, Chai (scharf gewürzte Milch), Kirschsaft, Getreide " Kaffee ", Traubensaft, Grapefruitsaft, Limonade, Mangosaft, Orangensaft, Papaya-Saft, Pfirsichnektar, Ananassaft, Sojamilch (scharf & gut gewürzt)*

Süßstoffe

Vermeiden Sie:

Ahornsirup**, Weißzucker

Bevorzugen Sie:

Gerstenmalz, Fructose, Fruchtsaftkonzentrate, Honig, Melasse

Pitta

Früchte

Vermeiden Sie:

Die meisten sauren Früchte, Äpfel (sauer), Aprikosen (sauer), Bananen, Beeren (sauer), Kirschen (sauer), Preiselbeeren, Grapefruit, Trauben (grün), Kiwi**, Zitronen, Mangos (grün), Orangen (sauer), Pfirsiche, Ananas (sauer), Pflaumen (sauer), Rhabarber, Tamarinde

Bevorzugen Sie:

Generell die süßesten Früchte, Äpfel (süß), Apfelmus, Aprikosen (süß), Avocado, Beeren (süß), Kirschen (süß), Kokosnuss, Feigen, Trauben (rot & violett), Limetten*, Mangos (reif), Melonen, Orangen (süß)*, Papaya*, Birnen, Ananas (süß)*, Pflaumen (süß), Granatäpfel, Pflaumen, Rosinen, Erdbeeren*, Wassermelone

Gemüse

Vermeiden Sie:

Im Allgemeinen, scharfes Gemüse, Rübengrün, Rüben (roh), Mais (frisch)**, Aubergine**, Knoblauch, Grüne Chilischoten, Meerrettich, Kohlrabi **, Lauch (roh), Oliven, grün, Zwiebeln (roh), Paprika (scharf), Kaktusfeige (Frucht), Radieschen (roh), Spinat (gekocht)**, Spinat (roh), Tomaten, Rübengrün, Rüben

Bevorzugen Sie:

Im Allgemeinen, süßes und bitteres Gemüse, Artischocke, Spargel, Rüben (gekocht), Bittermelone, Brokkoli, Rosenkohl, Kohl, Karotten (gekocht), Karotten (roh)*, Blumenkohl, Sellerie, Koriander, Gurke, Löwenzahn-Grün, Fenchel (Anis), Grüne Bohnen, Topinambur, Grünkohl, Blattgemüse, Lauch (gekocht), Salat, Pilze, Oliven, schwarze Zwiebeln (gekocht), Petersilie, Pastinaken, Erbsen, Paprika, süß, Kartoffeln, süß & weiß, Kaktusfeige (Blätter), Kürbis, Radieschen (gekocht), Sprossen (nicht scharf), Brunnenkresse*, Weizengras, Sprossen, Zucchini

Getreide

Vermeiden Sie:

Brot (mit Hefe), Buchweizen, Mais, Hirse, Müsli**, Hafer (trocken), Polenta**, Reis (braun)**, Roggen

Bevorzugen Sie:

Amarant, Gerste, Getreide, trocken, Couscous, Cracker, Durham Mehl, Müsli, Haferkleie, Hafer (gekocht), Pfannkuchen, Nudeln, Quinoa, Reis (Basmati, weiß, wild), Reiskuchen, Seitan (Weizenfleisch), Dinkel, Ausgestoßenes Weizenbrot (Essene), Tapioka, Weizen, Weizenkleie

Hülsenfrüchte

Vermeiden Sie:

Miso, Sojasauce, Sojawürstchen

Bevorzugen Sie:

Schwarze Bohnen, Kichererbsen, Kidneybohnen, Linsen, braun & rot, Limabohnen, Mungobohnen, Mung-Dal, Erbsen (getrocknet), Pinto-Bohnen, Sojabohnen, Sojakäse, Sojamehl*, Sojamilch , Sojapulver*, Tempeh, Tofu, Weiße Bohnen

Molkereiprodukte

Vermeiden Sie:

Butter (gesalzen), Buttermilch, Käse (hart), Sauerrahm, Joghurt (natürlich, gefroren oder mit Frucht)

Bevorzugen Sie:

Butter (ungesalzen), Käse (weich, nicht gereift, ungesalzen), Hüttenkäse, Kuhmilch, Ghee, Ziegenmilch, Ziegenkäse (weich, ungesalzen), Eiscreme, Joghurt (frisch zubereitet & verdünnt)*

Fleisch und Fisch

Vermeiden Sie:

Rindfleisch, Huhn, Ente, Fisch, Lamm, Schweinefleisch, Lachs, Sardinen, Meeresfrüchte, Thunfisch, Truthahn

Bevorzugen Sie:

Büffel, Fisch (Süßwasser), Kaninchen, Garnelen*, Truthahn (weiß), Wild

Gewürze

Vermeiden Sie:

Chili-Pfeffer, Schokolade, Chutney (scharf), Meerrettich, Ketchup, Senf, Zitrone, Mayonnaise, Salz (im Übermaß), Frühlingszwiebeln, Sojasauce, Essig, Piment, Anis, Basilikum (trocken), Lorbeerblatt, Cayenne, Gewürznelken, Bockshornklee, Knoblauch, Ingwer (trocken), Majoran, Senfkörner, Muskatnuss, Oregano, Paprika, Mohn, Rosmarin, Salz, Sternanis, Thymian

Bevorzugen Sie:

Schwarzer Pfeffer*, Chutney (süß), Korianderblätter, Limette*, Salz*, Basilikum (frisch), Schwarzer Pfeffer*, Kümmel*, Kardamom*, Zimt, Koriander, Kreuzkümmel, Dill, Fenchel, Ingwer (frisch), Minze, Petersilie*, Pfefferminz, Safran, Estragon*, Kurkuma, Vanille*

Nüsse

Vermeiden Sie:

Mandeln (mit Schale), Walnüsse, Paranüsse, Cashewnüsse, Haselnüsse, Macadamianüsse, Erdnüsse, Pekannüsse, Pinienkerne, Pistazien

Bevorzugen Sie:

Mandeln (eingeweicht und geschält), Kokosnuss

Öle

Vermeiden Sie:

Mandel, Aprikose, Mais, Sesam

Bevorzugen Sie:

Sonnenblume, Ghee, Raps, Olive, Soja, Leinsamen, Nussbaum

Getränke

Vermeiden Sie:

Alkohol (harter, roter und süßer Wein), Apfelmost, Beerensaft (sauer), Koffeinhaltige Getränke, Kohlensäurehaltige Getränke, Karottensaft, Schokomilch, Kaffee, Cranberry-Saft, Grapefruitsaft, Eistee, Eiskalte Getränke, Limonade, Papaya-Saft , Ananassaft, Tomatensaft

Bevorzugen Sie:

Alkohol (Bier; trockener Weißwein)*, Mandelmilch, Aloe Vera Saft, Apfelsaft, Aprikosensaft, Beerensaft (süß), schwarzer Tee*, Chai (scharfe, gewürzte Milch)*, Kirschsaft, Kühle Milchgetränke, Getreide " Kaffee ", Traubensaft, Mangosaft, Gemischter Gemüsesaft, Orangensaft*, Pfirsichnektar, Birnensaft, Granatapfelsaft, Pflaumensaft, Sojamilch

Süßstoffe

Vermeiden Sie:

Weißzucker**, Honig**, Melasse

Bevorzugen Sie:

Gerstenmalz, Fructose, Fruchtsaftkonzentrate, Ahornsirup

Kapha

Früchte

Vermeiden Sie:

Generell die süßesten säuerlichen Früchte, Avocado, Bananen, Kokosnuss, Datteln, Feigen (frisch), Grapefruit, Kiwi, Mangos**, Melonen, Orangen, Papaya, Ananas, Pflaumen, Rhabarber, Tamarinde, Wassermelone

Bevorzugen Sie:

Im Allgemeinen die adstringierendsten Früchte, Äpfel, Apfelmus, Aprikosen, Beeren, Kirschen, Preiselbeeren, Feigen (trocken)*, Trauben*, Zitronen*, Limetten*, Pfirsiche*, Birnen, Granatäpfel, Pflaumen Rosinen, Erdbeeren*

Gemüse

Vermeiden Sie:

Im Allgemeinen süßes und saftiges Gemüse, Gurke, Oliven, schwarz oder grün, Pastinaken**, Kartoffeln, süß, Kürbis, Tomaten (roh), Zucchini

Bevorzugen Sie:

Im Allgemeinen sind die meisten scharfen und bitteren Gemüsearten, Artischocke, Spargel, Rübengrün, Rüben, Bittermelone, Brokkoli, Rosenkohl, Kohl, Karotten, Blumenkohl, Sellerie, Koriander, Mais, Löwenzahn-Grün, Aubergine, Fenchel (Anis), Knoblauch, grüne Bohnen, Grüne Chilischoten, Meerrettich, Topinambur, Artischocke, Grünkohl, Kohlrabi, Blattgemüse, Lauch, Pilze,, Zwiebeln, Petersilie, Erbsen, Paprika, süß & scharf, Kartoffeln, weiß, Kaktusfeige (Früchte & Blätter), Radieschen, Spinat, Sprossen, Kürbis, Winter, Tomaten (gekocht), Rübengrün, Rüben, Brunnenkresse, Weizengras, Sprossen

Getreide

Vermeiden Sie:

Brot (mit Hefe), Hafer (gekocht), Pfannkuchen, Nudeln**, Reis (braun, weiß), Reiskuchen**, Weizen

Bevorzugen Sie:

Amaranth*, Gerste, Buchweizen, Getreide (kalt, trocken oder gepufft), Mais, Couscous, Cracker, Durham Mehl*, Müsli, Hirse, Haferkleie, Hafer (trocken), Polenta, Quinoa*, Reis (Basmati, wild)*, Roggen, Seitan (Weizenfleisch), Dinkel*, Ausgestoßenes Weizenbrot (Essene), Tapioka, Weizenkleie

Hülsenfrüchte

Vermeiden Sie:

Kidneybohnen, Sojabohnen, Sojakäse, Sojamehl, Sojapulver, Sojasauce, Tofu (kalt), Miso

Bevorzugen Sie:

Schwarze Bohnen, Kichererbsen, Linsen (rot & braun), Limabohnen, Mungobohnen*, Mung-Dal*, Erbsen (getrocknet), Pinto-Bohnen, Sojamilch, Sojawürstchen, Tempeh, Tofu (scharf)*, Weiße Bohnen

Molkereiprodukte

Vermeiden Sie:

Butter (gesalzen), Butter (ungesalzen)**, Käse (weich & hart), Kuhmilch, Eiscreme, Sauerrahm, Joghurt (natürlich, gefroren oder mit Frucht)

Bevorzugen Sie:

Buttermilch*, Hüttenkäse (aus entrahmter Ziegenmilch) , Ghee*, Ziegenkäse (ungesalzen & nicht gereift)*, Ziegenmilch, Magermilch, Joghurt (verdünnt)

Fleisch und Fisch

Vermeiden Sie:

Rindfleisch, Büffel, Ente, Fisch (Meer), Lamm, Schweinefleisch, Lachs, Sardinen, Meeresfrüchte, Thunfisch, Truthahn

Bevorzugen Sie:

Huhn, Fisch (Süßwasser), Kaninchen, Garnelen, Wild

Gewürze

Vermeiden Sie:

Schokolade, Chutney (süß), Ketchup**, Mayonnaise, Salz, Sojasauce, Essig

Bevorzugen Sie:

Schwarzer Pfeffer, Paprikaschoten, Chutney (scharf), Korianderblätter, Meerrettich, Zitrone*, Senf (ohne Essig), Frühlingszwiebeln, aber die meisten Gewürze sind gut bekömmlich

Nüsse

Vermeiden Sie:

Mandeln (eingeweicht und geschält)**, Walnüsse, Paranüsse, Cashewnüsse, Kokosnuss, Haselnüsse, Macadamianüsse, Erdnüsse, Pekannüsse, Pinienkerne, Pistazien, Walnüsse

Bevorzugen Sie:

Charoli (Samen des Chironji-Baumes)

Öle

Vermeiden Sie:

Avocado, Aprikose, Kokosnuss, Leinsamen**, Olive, Sesam, Soja, Nussbaum

Bevorzugen Sie:

Mais, Raps, Sonnenblume, Ghee, Mandel

Getränke

Vermeiden Sie:

Alkohol (hart; Bier; Süßwein), Mandelmilch, Koffeinhaltige Getränke**, Kohlensäurehaltige Getränke, Schokomilch, Kaffee, Kalte Milchgetränke, Grapefruitsaft, Eistee, Eiskalte Getränke, Limonade, Orangensaft, Papaya-Saft, Tomatensaft

Bevorzugen Sie:

Alkohol (trockener Wein, rot oder weiß)*, Aloe Vera Saft, Apfelmost, Apfelsaft*, Aprikosensaft, Beerensaft, schwarzer Tee (gewürzt), Karottensaft, Chai (scharfe, gewürzte Milch)*, Kirschsaft, Cranberry-Saft, Getreide " Kaffee ", Traubensaft, Mangosaft, Pfirsichnektar, Birnensaft, Ananassaft*, Granatapfelsaft, Pflaumensaft, Sojamilch (scharf, gut gewürzt und warm)

Süßstoffe

Vermeiden Sie:

Gerstenmalz, Fructose, Ahornsirup, Melasse, Weißzucker

Bevorzugen Sie:

Fruchtsaftkonzentrate, Honig (roh & unverarbeitet)

Impressum

2. Auflage

Bildnachweis

Coverabbildung: Depositphotos

Der Inhalt dieses eBooks wurde mit großer Sorgfalt geprüft und erstellt. Für die Vollständigkeit, Richtigkeit und Aktualität der Inhalte kann jedoch keine Garantie oder Gewähr übernommen werden. Der Inhalt dieses eBooks repräsentiert die persönlichen Erfahrungen und Meinung des Autors und dient nur dem Unterhaltungszweck. Der Inhalt sollte nicht mit professioneller Hilfe verwechselt werden. Es wird keine juristische Verantwortung oder Haftung für Schäden übernommen, die durch kontraproduktive Ausübung oder durch Fehler des Lesers entstehen. Es kann auch keine Garantie für Erfolg übernommen werden. Der Autor übernimmt daher keine Verantwortung für das Nicht-Erreichen der im Buch beschriebenen Ziele.

Dieses eBook enthält Links zu externen Webseiten Dritter, auf deren Inhalte der Autor keinen Einfluss hat. Deshalb kann der Autor für diese fremden Inhalte auch keine Gewähr übernehmen. Für die Inhalte der verlinkten Seiten ist stets der jeweilige Anbieter oder Betreiber der Seiten verantwortlich. Die verlinkten Seiten wurden zum Zeitpunkt der Verlinkung auf mögliche Rechtsverstöße überprüft. Rechtswidrige Inhalte waren zum Zeitpunkt der Verlinkung nicht erkennbar. Eine permanente inhaltliche Kontrolle der verlinkten Seiten ist jedoch ohne konkrete Anhaltspunkte einer Rechtsverletzung nicht zumutbar. Bei

Bekanntwerden von Rechtsverletzungen werden derartige Links umgehend entfernt.

45230233R00074

Printed in Poland
by Amazon Fulfillment
Poland Sp. z o.o., Wrocław